Não Acredite em Tudo que Você Sente

A Artmed é a editora oficial da FBTC

Robert L. Leahy, PhD, é autor ou organizador de 26 livros, entre eles *Como lidar com as preocupações*, *Livre de ansiedade* e *Vença a depressão antes que ela vença você*, publicados no Brasil pela Artmed Editora. Coordenou ou esteve profundamente envolvido com muitas organizações nacionais e regionais de terapia cognitivo-comportamental (TCC). Escreve regularmente no *blog Psychology Today* e já escreveu para *The Huffington Post*. Leahy é palestrante internacional em conferências no mundo inteiro e tem sido destaque na mídia impressa, de rádio e televisão, como, por exemplo, no *The New York Times*, no *The Wall Street Journal*, no *The Times of London*, no *The Washington Post*, no *20/20*, no *The Early Show*.

L434n Leahy, Robert L.
            Não acredite em tudo que você sente : identifique seus esquemas emocionais e liberte-se da ansiedade e da depressão / Robert L. Leahy ; tradução: Sandra Maria Mallmann da Rosa ; revisão técnica: Irismar Reis de Oliveira. – Porto Alegre : Artmed, 2021.
            204 p. ; 25 cm.

            ISBN 978-65-81335-40-3

            1. Ansiedade. 2. Depressão. 3. Emoções. 4. Psicologia. 5. Terapia cognitivo-comportamental. I. Título.

                                                    CDU 616.89-008.441

Catalogação na publicação Karin Lorien Menoncin – CRB 10/2147

Robert L. Leahy

Não Acredite em Tudo que Você Sente

IDENTIFIQUE SEUS ESQUEMAS EMOCIONAIS e LIBERTE-SE da ANSIEDADE e da DEPRESSÃO

Tradução:
Sandra Maria Mallmann da Rosa

Revisão técnica:
Irismar Reis de Oliveira
Psiquiatra. Professor titular de Psiquiatria da
Universidade Federal da Bahia (UFBA). Doutor em Neurociências pela UFBA.

Porto Alegre
2021

Obra originalmente publicada sob o título
Don't believe in everything you feel:
a CBT workbook to identify your emotional schemas and find freedom from anxiety and depression
ISBN 9781684034802

Copyright © 2020 by Roberto L. Leahy, Ph.D.
All rights reserved.
Published by arrangement with D4EO Literary Agency.
www.d4eoliteraryagency.com

Gerente editorial
Letícia Bispo de Lima

Colaboraram nesta edição:

Coordenadora editorial
Cláudia Bittencourt

Capa
Márcio Monticelli

Leitura final
Camila Wisnieski Heck

Editoração
Ledur Serviços Editoriais Ltda.

Reservados todos os direitos de publicação, em língua portuguesa, ao GRUPO A EDUCAÇÃO S.A.
(Artmed é um selo editorial do GRUPO A EDUCAÇÃO S.A.)
Av. Jerônimo de Ornelas, 670 – Santana
90040-340 Porto Alegre RS
Fone: (51) 3027-7000 Fax: (51) 3027-7070

Unidade São Paulo
Rua Doutor Cesário Mota Jr., 63 – Vila Buarque
01221-020 São Paulo SP
Fone: (11) 3221-9033

SAC 0800 703-3444 – www.grupoa.com.br

É proibida a duplicação ou reprodução deste volume, no todo ou em parte, sob quaisquer
formas ou por quaisquer meios (eletrônico, mecânico, gravação, fotocópia, distribuição na
Web e outros), sem permissão expressa da Editora.

IMPRESSO NO BRASIL
PRINTED IN BRAZIL

Agradecimentos

Para Helen

Quero começar agradecendo a Matthew McKay, editor da New Harbinger Publications, que sugeriu que eu escrevesse este livro com base em seu interesse no modelo do esquema emocional. Também contribuiu o fato de Matthew rir de minhas piadas durante o almoço, sugerindo que seus *insights* podiam ser levados a sério. Gostaria de agradecer a meu editor, Ryan Buresh, pelo apoio e o trabalho que temos realizado juntos, e por ter sido receptivo às mudanças na estrutura do presente trabalho. A equipe editorial da New Harbinger foi diligente e útil em cada etapa da jornada. Meu agradecimento a Marisa Solís, Caleb Beckwith e Clancy Drake por sua edição cuidadosa à medida que o livro tomava forma.

Sou especialmente grato, mais uma vez, ao meu excepcional agente literário, Bob Diforio, que tem participado de minha jornada há muitos anos e vem me orientando com sua habilidade e sabedoria.

Escrever um livro é o esforço de um grupo, e este livro reflete as muitas contribuições de meus colegas em todo o mundo, cujo trabalho influenciou meu pensamento. Quero agradecer a Aaron Beck, David A. Clark, Paul Gilbert, Steve Hayes, Stefan Hofmann, Marsha Linehan, John Riskind e Adrian Wells, cujos *insights* criativos para ajudar as pessoas a superarem o sofrimento inspiraram a mim e a muitos outros. Também quero agradecer a meus colegas do American Institute for Cognitive Therapy na cidade de Nova York (www.CognitiveTherapyNYC.com), que foram pacientes e cordialmente críticos ao me ajudarem a desenvolver estas ideias. Nossos encontros semanais para discussão de casos tornaram possíveis este e outros projetos. Minha assistente de pesquisa, Nicolette Molina, foi um apoio dedicado ao longo de cada fase deste projeto.

E boa parte de minha compreensão da vida e das emoções se deve a minha esposa, Helen, que sempre tem *insights* sobre as coisas em relação às quais com frequência posso estar cego. É a ela que este livro é dedicado com gratidão.

Sumário

Capítulo 1	O que são emoções?	1
Capítulo 2	Validando os sentimentos	20
Capítulo 3	Pensando sobre as emoções	34
Capítulo 4	A abordagem do esquema emocional	46
Capítulo 5	Minhas emoções vão durar para sempre	60
Capítulo 6	Sinto culpa por meus sentimentos	80
Capítulo 7	Minhas emoções estão fora de controle	103
Capítulo 8	Não consigo tolerar sentimentos mistos	126
Capítulo 9	O que é importante para mim?	147
Capítulo 10	As piores formas de lidar com as coisas	161
Capítulo 11	Entendendo como as outras pessoas se sentem	177
Capítulo 12	Juntando as peças: as melhores formas de lidar com as coisas	195
	Referências	203

CAPÍTULO 1

O que são emoções?

Qual é a diferença entre você e um robô?

Pense em todas as coisas que os robôs são capazes de fazer. Podem preparar seu jantar, limpar o assoalho, atender o telefone, entrar em um prédio perigoso e retirar uma bomba, dirigir seu carro, entregar suas encomendas da Amazon. Eles conseguem derrotá-lo no xadrez – inúmeras vezes – mesmo que você seja um campeão mundial. Eles podem resolver praticamente todos os problemas matemáticos que você lhes apresentar, e agora os robôs até são usados em terapia com crianças com autismo.

Então, o que você tem que um robô não tem?

Sentimentos.

Os robôs não têm os sentimentos de ansiedade, desejo, tristeza, raiva, excitação ou solidão que você pode sentir em determinado dia.

Se você está vivo, então tem sentimentos. E, se você está consciente, também tem sensações, dor e a consciência de que alguma coisa está acontecendo.

O HOMEM QUE ESTAVA PRESO DENTRO DE SI MESMO

Deixe-me contar uma história verídica de alguém que estava completamente paralisado, mas que ainda tinha consciência do que estava acontecendo à sua volta. Em 1995, o editor da revista francesa *Elle*, Jean-Dominique Bauby, sofreu um acidente vascular cerebral (AVC) que resultou em um estado de coma. Vinte dias depois, ele recuperou a consciência, mas estava completamente preso dentro de seu corpo – não conseguia se movimentar, não conseguia falar –, sentindo-se impotente, mas consciente do que estava ao seu redor.

Surpreendentemente, Bauby ainda era capaz de movimentar a pálpebra esquerda. Isso o levou a pensar na possibilidade de ditar um diário sobre sua experiência. Ele desenvolveu com sua assistente um sistema que lhe permitia piscar quando identificasse letras do alfabeto especialmente exibidas que ele queria "registrar". Nos meses seguintes, ele ditou 200.000 piscadas de olho, que resultaram em um livro sobre a sua experiência: *O escafandro e a borboleta*.

O que impressiona o leitor é que cada pequena sensação e observação que Bauby registrou tinha um significado especial para ele. Ele sentia tristeza quando não era capaz de tocar e sentir seu filho, notava a cortina se movimentando com a brisa, ouvia as vozes das pessoas que o amavam, sentia solidão nos dias em que não recebia visitas. Bauby relembrava os amigos, as viagens e os aromas de suas experiências de muitos anos atrás.

Por causa da deficiência de audição, Bauby notava os sentimentos que tinha enquanto ouvia borboletas na sua cabeça. Cada momento parecia capturar uma sensação, uma percepção, um sentimento e um significado. Ele pode ter-se sentido aprisionado dentro de um escafandro, mas sabia que estava vivo, querendo alcançar, querendo tocar as pessoas, as cortinas, os lençóis da cama, o mundo "exterior".

Dois dias após o livro ser publicado, ele morreu de pneumonia.

No entanto, mesmo encarcerado, mesmo piscando unicamente um olho, mesmo sendo alimentado por meio de uma sonda no estômago, Bauby não era um robô. Ele estava vivo. E podemos nos imaginar encarcerados, incapazes de nos movimentar, mas ainda conscientes, ainda tendo as emoções que nos tornam vivos, ainda ansiando e ainda nos sentindo perdidos. Temos o senso de conexão e compromisso com toda criatura viva capaz de sentir dor.

Sentir é viver.

O QUE SÃO EMOÇÕES?

Emoções são sentimentos que têm significados para nós. Exemplos de emoções incluem tristeza, ansiedade, solidão, raiva, desesperança, alegria, ambivalência, ciúme e ressentimento. Frequentemente confundimos emoções com *pensamentos*. No entanto, os pensamentos são tipicamente declarações ou crenças sobre os fatos ("Ele é um perdedor"), enquanto as emoções são tipicamente sentimentos (como irritabilidade) que temos relativos ao pensamento. Por exemplo, você pode dizer que *pensa* que as coisas não vão dar certo (o que é uma previsão), mas pode na verdade não se *sentir* desesperado (já que não se importa). Você pode *pensar* que sua antiga parceira está envolvida com outra pessoa, mas não se *sentir* enciumado porque seguiu em frente. E você pode *pensar* que vai passar todo o fim de semana sozinho, mas pode não se *sentir* solitário.

Pensamentos não são o oposto de sentimentos – eles são diferentes. Um pensamento ("Sou um perdedor") pode dar origem a um sentimento (tristeza). E um sentimento (tristeza) também pode dar origem a um pensamento ("Estarei sempre sozinho").

Uma forma de fazer distinção entre um pensamento e um sentimento é perguntar se o pensamento é verdadeiro ou falso. Por exemplo, você pode se perguntar: "OK, é verdade que ele é *realmente* um perdedor? Talvez ele não seja totalmente perdedor". Você pode estar errado sobre seu pensamento original – ou pode estar certo. Um pensamento pode ser verdadeiro ou falso. Mas não faria nenhum sentido perguntar se as emoções são verdadeiras ou falsas. Você diria: "Eu me sinto irritado. É verdade que eu me sinto irritado?". É claro que você se sente irritado. Não há qualquer dúvida sobre isso. Quando você tem um sentimento, seu corpo lhe diz a verdade – a não ser que você esteja conscientemente mentindo para si mesmo.

Como já foi mencionado, pensamentos podem originar sentimentos; por exemplo, o pensamento "Ele é um perdedor" pode dar origem a uma gama de sentimentos, incluindo raiva, ansiedade, tristeza ou mesmo indiferença. E sentimentos podem originar pensamentos; por exemplo, quando você está sentindo raiva, talvez comece a pensar que todos à sua volta o estão atrapalhando, são desrespeitosos e hostis.

E podemos ter pensamentos sobre nossos sentimentos. Por exemplo, você pode ter o pensamento de que sua solidão vai durar para sempre. Ou que deve ser fraco por se sentir solitário. Ou que sua solidão reflete o quanto valoriza estar com sua parceira.

Você também pode ter sentimentos sobre os sentimentos. Pode se sentir constrangido por se sentir solitário, ou pode se sentir ansioso em relação à sua solidão.

Portanto, pensamentos são diferentes de sentimentos, pensamentos e sentimentos podem se influenciar mutuamente, e você pode ter pensamentos sobre os sentimentos. Dê uma olhada na Figura 1.1 para ver se isso faz sentido.

FIGURA 1.1

Lembra-se de quando eu disse que também podemos ter sentimentos sobre os pensamentos e sentimentos sobre os sentimentos? Por exemplo, podemos nos sentir solitários e então pensar que sempre estaremos sozinhos e, em seguida, pensar que nossa solidão vai durar para sempre (Fig. 1.2). Em outras palavras, podemos ter um pensamento sobre a emoção solidão, tal como "Minha solidão é permanente" ou "Outras pessoas não se sentem tão solitárias" ou "Minha solidão está fora de controle" ou "Sou fraco porque tenho sentimentos de solidão". Na Figura 1.2, você pode ver como esses pensamentos sobre os sentimentos levam a novos sentimentos que podem ser ainda mais perturbadores do que o sentimento inicial. E então podemos nos sentir sem esperança em relação à nossa solidão (Fig. 1.2).

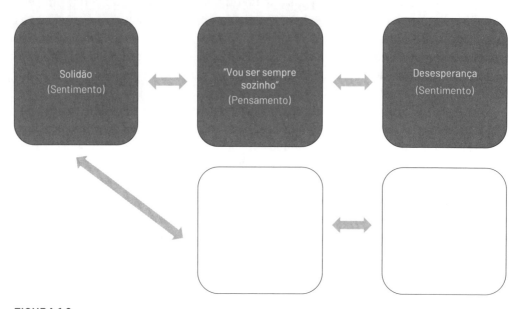

FIGURA 1.2

Alguns de nós temos medo dos sentimentos e nos sentimos confusos quando estamos ansiosos ou nos sentimos culpados ou envergonhados quando com raiva. Veremos que nossos sentimentos e pensamentos sobre nossos sentimentos podem criar problemas adicionais. Por exemplo, se você se sente ansioso a respeito de sua ansiedade, então ela escalará ainda mais. Se pensa que sua ansiedade está fora de controle e que vai durar para sempre, então você se sentirá mais ansioso.

No entanto, se você aceitar a ansiedade, ela poderá abrandar sozinha. Se disser a si mesmo: "Noto que estou me sentindo ansioso neste momento e aceito isso como uma experiência deste momento", poderá ficar menos ansioso em relação à sua ansiedade. Neste livro, você aprenderá uma grande variedade de técnicas e estratégias para a aceitação, a mudança e o uso de suas emoções desagradáveis – para que não precise temê-las.

Dê uma olhada no exercício a seguir e marque o quadro que identifica corretamente o exemplo na coluna da esquerda – é um pensamento ou um sentimento?

Quais São Pensamentos e Quais São Sentimentos?

Exemplo	Pensamento	Sentimento
1. Vou ser reprovado no teste.		
2. Estou solitário.		
3. Jamais vou encontrar uma parceira.		
4. Cometi um erro estúpido.		
5. Estou tão triste que não suporto isso.		
6. Ela é mais inteligente do que eu.		
7. Estou com muita raiva neste momento.		

Respostas: 1, 3, 4 e 6 são pensamentos, e 2, 5 e 7 são sentimentos.

Vamos continuar examinando as diferenças entre pensamentos e sentimentos com o exemplo de um relacionamento. Se você disser: "Sinto ciúmes", está expressando uma emoção. Mas se disser: "Minha parceira o acha atraente", isso é um pensamento. Eles parecem iguais? Bem, se parecerem, talvez isto possa ajudar: Você pode acreditar que sua parceira acha alguém atraente, mas pode se sentir de inúmeras maneiras: ambivalente, agitado ou com raiva.

Vamos considerar outra comparação. "Tom foi grosseiro comigo" é um pensamento. É um pensamento *sobre uma emoção* que você acredita que Tom tem. Pode ser verdade que Tom tenha sido grosseiro com você. Ou pode não ser verdade. Talvez Tom estivesse com dor de cabeça. Porém, mesmo que tenha achado que ele foi rude, você pode não se importar (emoção). O simples fato de achar que Tom foi rude não significa que você automaticamente tenha a emoção raiva. É preciso que *importe* para você que Tom tenha sido rude – você tem que estar envolvido nisso. Você tem que atribuir algum significado para que isso o faça sentir a emoção. Você também poderia ter outro pensamento que atribuísse significado à grosseria de Tom: "Não posso suportar quando alguém é grosseiro comigo" ou "Eu deveria ter raiva das pessoas que são grosseiras comigo". Esses pensamentos podem deixá-lo com raiva ou ansioso.

Então vamos reunir o que sabemos sobre pensamentos e sentimentos. Vamos examinar a Figura 1.3.

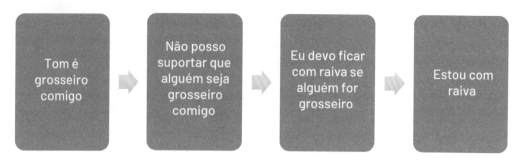

FIGURA 1.3

O simples fato de alguém ser grosseiro com você (vamos chamar isso de "fato") não significa que você tenha que sentir raiva. Você pode não se importar com o que Tom faz ou pensa, pode achar que ainda consegue fazer tudo o que quiser, mesmo que alguém seja grosseiro com você. Pode pensar que Tom tem seus próprios problemas, que pode estar tendo um dia ruim e não interpretar isso como ofensa pessoal. Vamos ver como é isso.

FIGURA 1.4

Assim, podemos ver que um fato (Tom faz uma grosseria) e um pensamento (Não posso suportar que ele seja grosseiro) podem levar a uma emoção. Porém, fatos e pensamentos nem sempre dão origem à mesma emoção, porque pode haver outro pensamento – *uma regra* – que torna o fato e o pensamento um problema para nós. E essa regra é "Não consigo suportar que Tom seja grosseiro comigo" ou "Não posso aceitar sua grosseria".

Neste livro, você verá como os pensamentos dão origem às emoções, escalando-as, e podem deixá-lo ansioso, com raiva ou triste. Você também verá como mudar esses pensamentos e regras para não viver em uma montanha-russa emocional.

QUE EMOÇÕES VOCÊ TEM?

Todos nós temos emoções, mas alguns têm dificuldade em percebê-las, nomeá-las e lembrá-las. Na maior parte do tempo, uma emoção parece tão automática e transitória que somente mais tarde você a percebe e dá nome a ela. Vamos ver se você consegue se lembrar de algumas das emoções listadas no exercício a seguir. Você experimentou alguma dessas emoções recentemente? Talvez não por enquanto?

Agora vamos ver se consegue usar a folha de exercícios para monitorar suas emoções durante a próxima semana. Comece escrevendo o dia da semana no topo. Depois observe as emoções que experimentou nesse dia marcando o quadro ao lado da emoção. Por exemplo, se sentiu medo, marque o quadro ao lado dessa emoção. Quando tiver terminado para aquele dia, volte e circule as três emoções que se mostraram mais difíceis para você e as três que foram mais agradáveis. Faça isso durante os próximos sete dias. Você pode ter acesso a cópias adicionais desse exercício no *link* do livro em www.loja.grupoa.com.br.

8   Robert L. Leahy

Registro Diário das Emoções

Dia: _____

☐ Ativo	☐ Impaciente	☐ Orgulhoso
☐ Temeroso	☐ Constrangido	☐ Rejeitado
☐ Alerta	☐ Com inveja	☐ Triste
☐ Com raiva	☐ Entusiasmado	☐ Forte
☐ Ansioso	☐ Frustrado	☐ Encurralado
☐ Envergonhado	☐ Culpado	☐ Vingativo
☐ Surpreso	☐ Indefeso	☐ Outra emoção:
☐ Aborrecido	☐ Desesperançado	_____
☐ Desafiado	☐ Hostil	☐ Outra emoção:
☐ Compassivo	☐ Magoado	_____
☐ Confiante	☐ Interessado	☐ Outra emoção:
☐ Curioso	☐ Inspirado	_____
☐ Corajoso	☐ Enciumado	
☐ Determinado	☐ Solitário	
☐ Decepcionado	☐ Amado	
☐ Angustiado	☐ Amoroso	
☐ Desconfiado	☐ Sobrecarregado	

Você observa um padrão? Há certos acontecimentos ou pessoas que desencadeiam determinadas emoções? Que tipos de pensamentos você tem ao sentir essas emoções?

_____

_____

_____

_____

O QUE DESENCADEIA SUAS EMOÇÕES?

Algumas vezes achamos que nossas emoções surgem do nada. Por exemplo, você pode estar sentado em casa, sozinho, e de repente sente uma onda de ansiedade tomar conta de você. Seu corpo fica tenso, seu coração fica acelerado, e você se pergunta o que está acontecendo. Talvez tenha tomado muito café ou não coma há sete horas. Ou talvez estivesse pensando em alguma coisa que desencadeou a ansiedade. Isso aconteceu com Dan, que estava sentado em casa, sozinho, em uma noite de quinta-feira, quando começou a pensar: "Não tenho nada planejado para o fim de semana. Nenhum dos meus amigos disse que estaria disponível para fazer planos. Talvez eu tenha feito alguma coisa que os ofendeu". Sua ansiedade foi desencadeada por pensamentos de se sentir rejeitado.

Ou talvez seja mais provável que você tenha determinadas emoções em certos momentos do dia. Por exemplo, Rebecca notou que, quando acorda pela manhã, se sente triste, letárgica, sem energia e desesperançada em relação ao dia e à sua vida inteira.

Linda notou que sentia uma onda de ansiedade sempre que estava em um elevador ou em um espaço fechado – especialmente uma cabine de banheiro público. Seus pensamentos eram de que ficaria trancada no elevador, não teria ar suficiente e ninguém a encontraria. Ela também pensava que acidentalmente ficaria trancada na cabine de um banheiro e que permaneceria presa por horas. A ansiedade de Linda era desencadeada por situações e lugares.

Há algum "horário problemático" para você? Há certos lugares, pessoas ou situações que desencadeiam suas emoções? Reconhecer os horários problemáticos é um bom passo para preparar-se para esses momentos com ferramentas de enfrentamento.

No exercício a seguir, liste suas emoções mais positivas e as mais negativas. Por exemplo, você pode achar que as emoções mais positivas são felicidade, alegria, curiosidade, calma e apreciação e que as mais negativas sejam raiva, ansiedade, tristeza e solidão. Liste também os desencadeantes – acontecimentos, pessoas, pensamentos ou situações – que despertam suas emoções negativas e positivas.

Minhas Emoções e Seus Desencadeantes

Minhas emoções mais positivas	
Minhas emoções mais negativas	
Desencadeantes para minhas emoções negativas	
Desencadeantes para minhas emoções positivas	

Depois de preencher o exercício, revise o que escreveu. Há algum padrão? Escreva o que notou.

SENTIMENTOS E SIGNIFICADOS

Como já mencionei, os sentimentos – como tristeza, solidão, raiva, amor e desesperança – estão vinculados a algum significado em nossas vidas. Por exemplo, se você se sente solitário, isso provavelmente significa que a conexão humana é importante para você. Se sente raiva, isso provavelmente significa que ser tratado com respeito é importante para você. Sentir amor significa que outra pessoa é especial para você. Sua ansiedade pode significar que alguma coisa importante para você – seu filho, parceira, saúde ou emprego – está em perigo. Seu ciúme pode significar que a relação com seu parceiro está ameaçada e que essa relação é importante para você. E sua tristeza pode significar que você está se sentindo frustrada na tentativa de se aproximar da pessoa de quem gosta – porque essa pessoa tem importância para você. *Nós, humanos, temos uma capacidade tão grande para sentimentos porque atribuímos significado a muitas coisas.*

Pode ser difícil colocar em palavras por que você se sente da forma como se sente. Quando escuto uma bela peça musical ou leio um poema encantador, fico emocionado – algumas vezes chegando às lágrimas. Se você me perguntar o que foi significativo em tudo isso, seria difícil dizer. A música ou as palavras tocaram minha alma, me emocionaram profundamente, e depois disso tenho dificuldades para encontrar palavras que captem esse significado. Imagino que você seja como eu nesse aspecto – às vezes alguma coisa o toca profundamente, o comove, e você sente uma onda de emoção. Você não consegue encontrar as palavras para expressar *por quê*. Você simplesmente sente. Algumas vezes sentimos alguma coisa profundamente, mas não conseguimos colocá-la em palavras. Ficamos sem palavras.

E, no entanto, neste livro iremos trabalhar visando notar e identificar os sentimentos, pois entender seus significados pode ajudá-lo a conviver com uma ampla gama de emoções. Vamos procurar os significados contidos em seus sentimentos.

AS CINCO PARTES DA EMOÇÃO

As emoções são compostas por diversas partes. Com frequência não estamos plenamente conscientes delas quando experimentamos uma emoção, mas elas são:

- sensações
- crenças
- objetivos
- comportamentos
- tendências interpessoais

Por que essas cinco partes dos sentimentos são importantes? Porque, uma vez que conseguimos identificá-las, podemos fazer escolhas para modificá-las. Você pode afetar sua experiência emocional global modificando um ou todos esses cinco componentes. Podemos mudar sensações, crenças, objetivos, comportamentos e como se interage com as pessoas. Para ajudá-lo a entender o papel de cada parte, vamos tomar a raiva como exemplo.

Sensações

Quando sinto raiva, percebo que tenho certas *sensações*: meu coração bate rapidamente, sinto meu corpo ficando tenso, e os sons parecem ser mais intensos para mim. Mas também posso ter essas sensações e não sentir a emoção raiva. Por exemplo, posso notar que meu coração está acelerado porque tomei muito café.

Quando você tiver uma emoção, pergunte-se: "Onde sinto isso em meu corpo?". Se você estiver triste, por exemplo, talvez sinta um peso no peito ou sua energia sendo drenada.

Que sensações você percebe quando se sente ansioso, com raiva ou triste:

Ansioso: _____

_____

Com raiva: _____

_____

Triste: _____

_____

Crenças

Quando temos a emoção raiva, ela está relacionada a um pensamento ou crença sobre o que está acontecendo. Essa é a parte do "significado" da emoção. Por exemplo, posso ter o pensamento de que a pessoa à minha frente na autoestrada está propositalmente tentando me impedir de ultrapassar. Posso ter o pensamento de que não posso suportar isso e que ela é uma pessoa terrível.

Que pensamentos você tem quando está com raiva? Você pensa que a outra pessoa lhe fez alguma coisa como questão pessoal? Você pensa que ela é uma pessoa má?

Objetivos

A minha raiva é sobre alguma coisa. Por exemplo, posso estar com raiva porque estou preso no trânsito e acho que vou me atrasar. Porém, esse pensamento ou fato pode não ser suficiente para que eu sinta raiva. Também preciso ter um *objetivo* que seja essencial para mim – nesse caso, pode ser: "Preciso chegar na hora". Estou com raiva porque o trânsito está atrapalhando o meu objetivo. Da mesma forma, posso não ficar frustrado e com raiva se estiver indiferente quanto a chegar na hora.

Pense em sua raiva. Ela é desencadeada pela preocupação em ser ouvido, por ser tratado injustamente ou impedido de atingir alguma coisa? Suas emoções apontam para seus objetivos.

Comportamentos

Também temos uma tendência voltada para algum comportamento relacionado à emoção. No caso da raiva, posso querer atacar (dar um soco na cara do motorista). Quando não estou dirigindo, também posso cerrar os punhos, bater o pé, arremessar coisas ou andar pela sala nervosamente.

Olhe para sua raiva. O que você faz quando fica com raiva? Fica tenso e anda pela sala nervosamente?

Tendências interpessoais

Muitas emoções têm um componente interpessoal. Podemos nos sentir inclinados a dizer alguma coisa, buscar reasseguramento, nos agarrar a alguém ou evitar as pessoas. Por exemplo, posso me sentir inclinado a dizer ao motorista que ele é grosseiro e não posso suportar isso porque estou com raiva. Quando me sinto ansioso, posso procurar um amigo para ser tranquilizado. Quando estou triste e me sinto desesperançado, posso me isolar dos outros porque acho que serei um fardo.

O que você faz interpessoalmente quando tem uma emoção intensa? Você se queixa, se afasta ou busca reasseguramento?

Recapitulando, quando inicialmente notamos uma emoção, estamos conscientes das sensações trazidas por ela. Por exemplo, podemos perceber tristeza quando sentimos um peso no peito ou ansiedade quando notamos que nossa frequência cardíaca está aumentando. Essas sensações nos sinalizam que alguma coisa está acontecendo. Mas sensações não são o mesmo que emoções. Por exemplo, estou em minha terceira xícara de café nesta manhã e acabei de fazer exercícios. Meu batimento cardíaco está um pouco alto. Estou ansioso? Não. Estou simplesmente sentindo os efeitos residuais da corrida e do café que estou tomando. Isso é simplesmente *excitação*. Não estou ansioso com nada em particular; estou simplesmente excitado.

Porém, se eu fosse propenso a ter transtorno de pânico, poderia pensar: "Estou tendo um ataque cardíaco!". Eu poderia interpretar essas sensações como sinais de que alguma coisa ruim está a ponto de acontecer. Portanto, algumas vezes interpretamos erroneamente nossas sensações como sinais de alguma outra coisa além de simplesmente excitação. Isso soa familiar para você?

Quando conseguimos identificar as cinco partes da emoção, podemos focar nelas para a mudança. Por exemplo, posso diminuir a excitação ou as *sensações* praticando relaxamento, meditação da atenção plena ou outras técnicas calmantes. Posso mudar minhas *crenças* sobre o que está acontecendo para não considerar como algo pessoal o fato de o motorista estar me bloqueando, colocar isso em perspectiva como não tão importante ou reconhecer que isso é temporário. Posso mudar meus *objetivos* decidindo focar em alguma coisa diferente. Por exemplo, em vez de focar em chegar ao trabalho na hora, posso focar em ouvir o rádio. Posso mudar o *comportamento* em que me engajo para alguma coisa gratificante. E posso mudar as ações *interpessoais* que tenho com as pessoas para algo que seja menos reativo e mais produtivo.

Nada disso será fácil. Nada disso ocorre naturalmente. Mas tudo isso é importante.

Agora vamos examinar as cinco partes da solidão. Se você já teve dificuldades com a solidão, poderá se reconhecer em algumas delas ou em todas. Cada uma das cinco partes da solidão pode aumentá-la ou diminuí-la.

As Cinco Partes dos Sentimentos

Solidão

Sensações	Crenças	Objetivos	Comportamentos	Tendências interpessoais
Sentimento de peso em meu corpo	Sempre vou estar sozinho	Sentir-me conectado	Afastamento dos outros	Procurar apoio
Sensação de vazio	Ninguém se importa comigo	Sentir que se importam comigo	Fico deitado no sofá assistindo a filmes	Contatar um amigo

Agora vamos dar uma olhada em uma emoção que você pode ter algumas vezes – uma que o incomoda. Talvez seja ansiedade, tristeza, raiva, desesperança, ciúme, inveja, ressentimento ou aborrecimento. No exercício a seguir, escolha uma emoção e a anote no espaço em branco no alto do quadro. Em seguida, anote as sensações físicas que sente em seu corpo, como cansaço, vazio, tensão muscular ou taquicardia. Depois escreva as crenças (pensamentos) que você tem quando sente a emoção; para tristeza poderia ser "Jamais vou ser feliz" ou "Acho que as pessoas não querem estar em minha companhia". A seguir, anote o objetivo ou o foco de sua preocupação. Finalmente, anote como você interage com as outras pessoas quando sente essa emoção, por exemplo, queixar-se, buscar reasseguramento, evitação ou busca de companhia.

As Cinco Partes da Minha Emoção

A emoção que me preocupa: _____

Sensações	Crenças	Objetivos	Comportamentos	Tendências interpessoais

Suas emoções têm muitas partes. Identificar cada uma delas pode ajudá-lo a lidar melhor com elas. Sugiro que você repita esse exercício para cada uma das emoções que gostaria de explorar; você pode baixar cópias adicionais no *link* do livro em www.loja. grupoa.com.br. Para reiterar, quanto mais você for capaz de notar as partes das suas emoções, mais sucesso terá em conviver com toda a sua gama de sentimentos.

O QUE VOCÊ APRENDERÁ COM ESTE LIVRO

Agora que sabemos o que são emoções – e como elas diferem dos pensamentos, mas também são afetadas por eles –, vamos dar uma olhada no que você aprenderá com este livro. Você irá aprender a:

Familiarizar-se com suas emoções. O propósito de escrever este livro foi ajudá-lo a entender as emoções, ajudá-lo a pensar sobre elas de formas mais úteis e auxiliá-lo a lidar com elas.

Respeitar seus sentimentos. Você vai aprender o quanto é importante dominar os sentimentos, validar-se e demonstrar alguma compaixão por si mesmo.

Entender que a forma como você pensa sobre suas emoções pode melhorar ou piorar as coisas. Suas crenças sobre as emoções são o que chamo de *esquemas emocionais*, ou *crenças emocionais*. Incluem suas ideias de que as emoções vão durar indefinidamente, estão fora de controle, são perigosas, não fazem sentido, são diferentes das emoções de outras pessoas ou são vergonhosas. Você pode ter aprendido essas crenças durante o seu crescimento ou se espelhando na forma como outras pessoas responderam a você, mas essas crenças podem deixá-lo travado. A boa notícia é que podemos considerar outras formas de pensar sobre as emoções e responder a elas.

Viver uma vida plena experimentando toda uma gama de emoções. A realidade de sua vida é que nem sempre você pode estar feliz, não pode evitar as decepções, nem escapar da agonia que todos nós compartilhamos às vezes. O objetivo é viver uma vida o mais plena, aberta e enriquecida possível – o que pode algumas vezes incluir as emoções que você não gosta de ter. Minha abordagem para viver uma vida que envolva uma ampla gama de emoções – incluindo sentimentos dolorosos e confusos – é denominada *terapia do esquema emocional*. Você vai aprender como *normalizar o que parece anormal* e *construir uma vida plena o suficiente para incluir as decepções* que possam surgir. Em vez de esperar o *perfeccionismo emocional*, você aprenderá como ter sucesso com a imperfeição, como usar o desconforto construtivamente e como fazer o que não quer. A mensagem não é *sentir-se bem* – é ser capaz de *sentir tudo*.

Entender que as emoções são temporárias. Embora emoções fortes pareçam que irão durar para sempre, elas são temporárias – mesmo que algumas vezes sejam assustadoras.

Perceber que ter um sentimento não é a mesma coisa que agir de acordo com ele. Vamos examinar sua vergonha e culpa relativas a seus sentimentos e o quanto visões moralistas dificultam conviver com as qualidades muito humanas – *demasiadamente humanas* – que todos nós compartilhamos. Nenhum de nós é santo, todos somos anjos caídos, todos somos capazes de quase tudo. Você vai aprender que emoções não são o mesmo que ações ou escolhas morais.

Encontrar sentido nas emoções. Você pode algumas vezes achar que as emoções não fazem sentido, e esse pensamento pode levar a mais vergonha, isolamento e ruminação. Mas você vai ver que mesmo emoções como inveja, ressentimento, desesperança e ciúme podem ser às vezes adaptativas. O principal é atribuir um sentido a elas e encontrar o equilíbrio certo.

Não temer os sentimentos. Você pode temer os sentimentos porque acha que estão fora de controle e que alguma coisa terrível irá acontecer. Você pode ter medo de agir de acordo com eles, de se prejudicar, de enlouquecer ou ter uma catástrofe médica. Você vai aprender técnicas para lidar com a sensação de que tudo está se agravando.

Aprender a normalizar sentimentos conflitantes e ambivalentes. Você pode ter a crença de que só deve se sentir de uma única maneira sobre si mesmo, sobre os outros ou sobre suas experiências. Mas vai aprender que ter sentimentos mistos, ou sentir-se ambivalente sobre as coisas, não significa que não possa fazer escolhas. Na verdade, ambivalência pode ser vista como a riqueza e a realidade dos sentimentos em vez de confusão. Dar espaço aos sentimentos conflitantes pode ajudá-lo a ruminar menos, fazer escolhas benéficas e conviver com a complexidade da vida real.

Ver como as emoções refletem seus valores subjacentes. Seu caráter e seus objetivos pessoais estão incorporados em seus sentimentos. Se fosse uma pessoa pouco profunda, superficial, as coisas não teriam importância para você – mas você não é superficial. Não é um robô, não é uma pessoa vazia. Mesmo que a vida seja às vezes uma montanha--russa, você ainda pode ser capaz de desacelerá-la e até mesmo direcioná-la para o que valoriza. As emoções o acompanharão na jornada.

Conectar-se melhor com as pessoas importantes para você. Vamos examinar as crenças problemáticas e as respostas às emoções de outras pessoas. Você vai aprender como se conectar de forma significativa e compassiva àqueles que são importantes para você.

Desenvolver estratégias adaptativas para lidar com as emoções. Você vai aprender habilidades para ajudá-lo a conviver com uma ampla gama de sentimentos em vez de achar que precisa se livrar deles. Você vai descobrir como aceitar emoções dolorosas sem ser sequestrado por elas, como observar e aceitar as emoções enquanto as enfrenta mais efetivamente e avançar na direção da vida que deseja ao mesmo tempo que percebe que decepção, frustração e até mesmo injustiça farão parte dessa jornada. O objetivo é viver uma *vida real* – não almejar uma vida sem sentimentos negativos. O objetivo é *enriquecimento*, *abertura* e *equilíbrio* – não o perfeccionismo emocional, cinismo ou desilusão.

Você pode dizer algumas vezes: "Isso é difícil para mim". Mas espero que consiga aprender a dizer: "Eu sou uma pessoa que faz coisas difíceis". Quando aprender a notar, a aceitar e a conviver com todo o ruído em sua vida, você será capaz de superar o medo de sentir. E então sua vida será mais completa.

Pontos Principais

- Sentimentos significam que você está vivo.
- Pensamentos e sentimentos são diferentes.
- Pensamentos podem originar sentimentos, e sentimentos podem originar pensamentos.
- Monitore suas emoções e note as mais desagradáveis e agradáveis.
- Monitore o que desencadeia as emoções.
- As emoções têm cinco partes: sensações, crenças, objetivos, comportamentos e tendências interpessoais.
- Cada uma das cinco partes dos sentimentos pode ser um alvo para mudança.

CAPÍTULO 2

Validando os sentimentos

O primeiro som que um recém-nascido emite é o choro. É como se nascêssemos com a sensação de estarmos sobressaltados, perturbados, sobrecarregados. Nossa voz fraca atravessa o silêncio para chamar aqueles que estão à nossa volta: "Me pegue no colo! Me conforte!". Quando uma criança chora, tenta alcançar alguém, esperando que ouça sua dor, que a toque, a pegue no colo, a escute, a acalme. Não há nada mais solitário do que chorar sozinho onde ninguém possa ouvi-lo, onde ninguém possa se conectar com você. *Não somos ensinados a chorar; nós nascemos chorando.*

Isso é universal. Em um estudo, 684 mães de vários países foram observadas durante uma hora enquanto respondiam ao choro do bebê (Bornstein et al., 2017). Independentemente da nacionalidade das mães, as respostas foram muito parecidas: pegar o bebê no colo, acalmá-lo e falar com ele. As imagens de ressonância magnética do cérebro das mães indicaram que as mesmas regiões cerebrais eram ativadas – regiões associadas ao movimento, à fala e ao processamento da linguagem.

Em outra pesquisa, os cientistas observaram que as mulheres tinham mais probabilidade de ficar alertas e responsivas ao choro, enquanto, em relação aos homens, a maior probabilidade era de continuarem "dispersos" – ou seja, não ficavam completamente atentos (De Pisapia et al., 2013). Na verdade, não houve diferenças entre pais experientes e inexperientes, sugerindo que a diferença era em grande parte inata.

Pesquisas mostram que mães de muitas espécies diferentes não só respondem ao choro, mas também são capazes de distinguir diferentes tipos de choro, incluindo choro por fome, isolamento e perigo (Lingle et al., 2012). O choro e nossa resposta a ele estão associados à adaptação evolucionária; os bebês cujas mães respondiam rapidamente ao choro tinham maior probabilidade de crescer e dar à luz bebês que sobreviviam.

Esse comportamento é explicado pela *teoria do apego*, uma ideia desenvolvida há 50 anos pelo psiquiatra britânico John Bowlby. Ele propôs que existe um "sistema" de apego inato que cria um vínculo quase impenetrável entre o genitor (sobretudo as mães) e seus bebês. O vínculo é caracterizado pela resposta rápida da mãe (ou do pai) em pegar o bebê no colo, confortá-lo e protegê-lo quando chora. E, ainda, a criança é inclinada a protestar, ir atrás ou chorar quando o genitor se afasta. Por que esse vínculo é adaptativo para a sobrevivência? Se não houver resposta ao choro, a criança terá menos probabilidade de receber alimento quanto estiver com fome, de ser salva do perigo e de ser encontrada quando perdida. Esse vínculo de apego é tão poderoso que os pais podem até mesmo arriscar a própria segurança para proteger, salvar ou cuidar do bebê.

Muitas das nossas emoções gritam por conforto, tranquilização, compreensão e cuidados. O bebê dentro de nós precisa ser compreendido e ter um lugar seguro para expressar e compartilhar os sentimentos. Assim, quando choramos, estamos com dor emocional. Quando solitários, ressuscitamos o sistema primitivo mais básico do apego. É como se precisássemos ser ouvidos, confortados, compreendidos, protegidos e conectados com alguém.

A história de Joanne

Joanne veio me ver por causa de sua depressão após um rompimento afetivo. Descobrimos que seus episódios depressivos ocorriam desde a adolescência, quando se sentia não amada, indesejada e sozinha. Joanne tinha uma história de impasses em seus relacionamentos com homens que a tratavam mal, que inicialmente pareciam fortes e atenciosos, mas acabavam mostrando seu narcisismo sendo infiéis e sem afeição. Ela se desculpou comigo por sua "carência", dizendo que sabia que deveria ser "mais forte". É quase como se achasse que não tinha o direito de ser infeliz, como se sua infelicidade fosse um fardo para mim.

Depois de alguns meses de sessões, ela disse: "Acho que devo estar perdendo o controle. Eu estava no cinema e comecei a chorar. Não conseguia parar. Não tenho nenhum controle sobre meus sentimentos".

Perguntei qual era o filme, e ela disse: "É um com o Mel Gibson, *Fomos heróis*".

O filme é sobre um tenente do exército que lidera tropas em combate no Vietnã. Perguntei-lhe em que momento chorou.

"Você sabe, tem aquela cena na qual ele se despede da família. Ele beija a esposa e abraça os filhos. E eu sabia que ele nunca mais voltaria a vê-los. Eu não conseguia parar de chorar. Perdi o controle."

"E por que a incomoda o fato de ter chorado no cinema?"

"Eu sou adulta. Deveria ter mais controle."

Isso me chamou a atenção como sendo uma crença negativa sobre seu choro – sentir-se envergonhada, fora de controle. Eu sei que há momentos em que chego às lágrimas em lugares públicos. Há vezes em que choro vendo um filme, até mesmo fazendo uma conferência. Por que isso a incomoda?

"Joanne, onde você aprendeu que chorar era uma coisa tão vergonhosa?"

"Eu me lembro de quando tinha 15 anos e estava visitando meu pai. Meus pais eram divorciados, e eu não tinha uma boa relação com ele. Lembro-me de que falei com ele sobre minha depressão, minha solidão, e comecei a chorar. E ele disse: 'Pare de chorar. Você está tentando me manipular'."

"O que aconteceu, então?"

Joanne disse em voz baixa: "Naquela noite eu tentei me matar".

"Se você fosse o diretor do filme e visse alguém sentado ali chorando com aquela cena, o que pensaria?"

Joanne olhou para mim perplexa, confusa. Não sabendo a resposta certa, ela disse: "Não sei".

"Acho que o diretor diria: 'Ela *entendeu* a cena. Ela compreende. Ela é o meu público'."

"Acho que é verdade. Sim, não consigo me imaginar dizendo adeus a meus filhos. Não consigo imaginar." Ela olhou para baixo, com lágrimas nos olhos, a voz embargada, fraca.

"Já vi como você responde quando um dos seus filhos telefona enquanto estamos na sessão. Vejo como você dispõe de seu tempo para estar disponível para eles. Você não quer que eles jamais chorem sozinhos."

Joanne não é a única pessoa que se sente assim. Talvez alguém tenha dito para você não chorar, para se libertar disso, para se recompor. Talvez você tenha sido levado a pensar que seu choro era algo do que se envergonhar.

Quais foram as mensagens que você recebeu quando criança? Em frente de quem você se sentia confortável para chorar? Em frente de quem você evitava chorar? Como isso fazia você se sentir?

Pense sobre as mensagens que você pode ter recebido sobre chorar. Algum destes comentários lhe parece familiar?

- ☐ Pare de chorar.
- ☐ Controle-se.
- ☐ Não leve tão a sério.
- ☐ Você vai superar isso.
- ☐ Seu choro está me incomodando.
- ☐ Não se comporte como criança.

OU

- ☐ Silêncio.

A história de Rachel

Rachel veio me ver com uma história de tentativa de suicídio, abuso de cocaína e de álcool, automutilação, depressão e uma série de relacionamentos autodestrutivos. Em sua primeira sessão, ela apresentava um sorriso superficial quando relatava o que parecia ser uma tragédia após outra. Ela disse: "Talvez você possa me ensinar *alguns truques* para lidar com minha insônia. Fora isso, as coisas estão bem".

Perguntei-lhe por que ela se apresentava com um estilo tão superficial e de autonegação.

"Na minha família nós sempre tínhamos que parecer bem, demonstrar estar bem. Estar deprimido era um sinal de fraqueza. Você seria humilhado. Então todos nós tínhamos que parecer bem."

"Imagino que seja por isso que você faz seus problemas parecerem triviais", eu disse.

Mais tarde, Rachel compartilhou comigo que, quando tinha 16 anos e estava na Europa em férias, seu namorado rompeu com ela por telefone. Naquela noite ela voltou para casa, tomou uma *overdose* de comprimidos e passou mal. Sua mãe lhe disse que deveria ser por causa do *jet lag* e que ela iria se recuperar.

Não havia ninguém em frente a quem Rachel pudesse chorar. Incluindo sua mãe, incluindo a mim. Perguntei-lhe sobre isso.

"Na verdade, eu conseguia chorar em frente à minha gata. Eu falava com ela, que parecia entender, eu chorava. Eu a pegava no colo... Acho que preciso arranjar um gato."

No curso de nossos muitos meses de trabalho conjunto, Rachel melhorou consideravelmente. Parou de beber, interrompeu o uso de cocaína, tornou-se mais assertiva em seus relacionamentos com os homens e ficou muito menos deprimida. Um ano mais tarde, conheceu um rapaz que parecia ser adequado, mas começou a sabotar o relacionamento. Perguntei-lhe por que ela queria estragar um relacionamento bom.

"Tenho medo", respondeu Rachel. "Quero rejeitá-lo antes que ele me rejeite."

"Talvez vocês pudessem se amar em vez de se rejeitarem", sugeri.

O relacionamento continuou, e ela avançava e recuava, testando-o e a si mesma. Depois de muitos meses, as coisas pareciam ter melhorado consideravelmente. Ela parecia genuinamente feliz. Perguntei-lhe o que mais a ajudou.

Ela olhou para mim com um sorriso forçado e disse: "Arranjei um gato".

Quando você era criança ou adolescente, como seus pais reagiam quando chorava? Quem você procurava como apoio – e quem você evitava? Por quê?

O QUE É VALIDAÇÃO?

Quando uma pessoa está abalada, podemos ter uma variedade de respostas aos sentimentos dela. Podemos ignorá-los inteiramente e permanecer em silêncio. Podemos dizer-lhe para parar de se sentir assim, para sair dessa. Podemos dizer que isso não é tão ruim quanto parece. Podemos zombar dela, ridicularizá-la, repreendê-la.

Você sabe que nenhuma dessas respostas funciona. Elas só pioram as coisas. Cada uma dessas respostas diz à pessoa que seus sentimentos não são válidos ou legítimos, que ela não tem direito a eles, que não fazem sentido.

Essa pessoa agora está completamente sozinha, e ela sabe que você não tem espaço para seus sentimentos, não quer ouvi-la, pode até mesmo se sentir incomodado com ela. Assim, ela está sozinha, isolada, com medo, confusa e se sentindo triste, com raiva ou desesperada. Ela não tem ninguém a quem recorrer. Ela não tem conexões. Não há ninguém para ouvi-la chorar, ninguém que se importe o suficiente.

Você conhece essa pessoa, pois algumas vezes você pode ter sido ela.

Validação é encontrar a verdade no sentimento de alguém. É respeitar o momento. É entender o que são esses sentimentos, ajudar a pessoa a elaborá-los e expandi-los, dar ouvidos com simpatia e compaixão aos seus sentimentos. Esta é uma boa resposta de validação para alguém que está vivenciando um rompimento:

"Estou aqui com você. Conte-me como se sente. O que está acontecendo? Parece que você está se sentindo triste. Posso ver que são sentimentos difíceis para você, mas acho que são sentimentos que muitos de nós temos quando perdemos alguém a quem amamos, alguém com quem nos sentíamos conectados. Gostaria de saber se você tem outros sentimentos neste momento. Você se sente confuso, sozinho ou sem esperanças? Sim, posso ver que esses sentimentos são reais – eles fazem sentido neste momento. Você sente essas coisas profundamente porque elas importam para você, porque um relacionamento é importante para você. Você é esse tipo de pessoa. Alguém que se conecta, alguém com quem os outros se conectam. Acredito que precisamos respeitar esses sentimentos neste momento, esses são seus sentimentos, eles são reais, são sentimentos importantes para você e são importantes para mim também. E percebo que o que quer que eu diga, embora eu tente apoiá-lo, qualquer coisa que eu tente fazer para cuidar de você pode não mudar a forma como se sente neste momento."

Vamos resumir os diferentes elementos de uma resposta de validação e cuidado com os sentimentos de alguém.

- **Encorajar a expressão.** Você encoraja a outra pessoa a falar sobre o que está pensando e sentindo: "Quero ouvir o que você está sentindo" e "Conte-me o que está passando". Isso é como dizer: "Estou aqui e ouço você agora". Todos querem ser ouvidos. Validar significa ouvir e querer ouvir o que a pessoa tem a dizer.
- **Refletir a dor e o sofrimento.** Você entende e reflete a dor que a outra pessoa sente. Você diz: "Posso ver que você está triste por isso" ou "Posso entender que você esteja com raiva". O choro dessa pessoa é ouvido.
- **Encontrar sentido no sentimento.** Você não só encoraja a pessoa a expressar o que sente, mas também entende como isso faz sentido para ela no momento. Você pode dizer: "Posso ver por que você sente raiva" ou "Posso ver por que você se sente desanimado" ou "Entendo que o que está passando é difícil para você por causa do que aconteceu".
- **Normalizar a dor.** Você pode fazer isso refletindo a experiência universal. Pode dizer: "Outras pessoas também se sentem assim" ou "Isso é difícil para muitos de nós às vezes". Se for verdade, pode até mesmo dizer: "Sei como isso é difícil para você porque eu também já tive esses sentimentos". Isso ajuda a outra pessoa a se sentir menos sozinha, menos única, menos como algum tipo divergente cujos sentimentos não fazem parte da experiência humana.
- **Diferenciar e expandir as emoções.** Você encoraja a outra pessoa a falar sobre vários outros sentimentos, não apenas o primeiro sentimento que ela apresenta. Você pode dizer: "Conte-me o que mais está sentindo. O que mais está acontecendo com você?". Isso ajuda a expandir sua consciência dos sentimentos – positivos e negativos – e pode ajudá-la a se sentir mais compreendida.

- **Relacionar com valores mais elevados.** Com frequência você pode relacionar a forma como a outra pessoa se sente com os valores importantes para ela. Por exemplo, se está solitária, você pode mostrar que ela valoriza se sentir conectada, ou, se estiver preocupada com o trabalho, você pode relacionar seus comentários com o valor que ela atribui a fazer um bom trabalho. Você está conectando os sentimentos dela ao que é importante para ela.
- **Respeitar o momento.** Quando você ouve e fala com a pessoa, comunica que respeita o fato de que neste momento essa é a forma como ela se sente. Você não diz: "Supere isso" ou "Siga em frente". Você pode dizer: "Eu entendo que este é um momento difícil e estou aqui com você". Em outras palavras, *Ouvir a pessoa é estar ali com ela. Agora* é onde ela está e *agora* é onde você está. Ambos estão no momento presente.
- **Refletir os limites da própria validação.** Você reconhece que, mesmo que esteja se esforçando para ouvir, ter empatia, demonstrar compaixão e que se importa, também pode perceber que isso talvez não mude nada por enquanto. Você entende os limites do que está fazendo. Você pode dizer: "Sei que o que eu disser pode não ajudar agora, pois sei que este é um momento difícil". Isso valida a pessoa porque reflete a aceitação dos seus sentimentos no momento presente, em vez da insistência em mudar esses sentimentos.

Não seria bom se as pessoas respondessem aos seus sentimentos com esse tipo de validação? Eu gostaria. Mas pode ser que poucas pessoas sejam tão boas quanto poderiam em se conectar com você. De fato, algumas pessoas podem fazer o contrário. Elas podem desencorajá-lo de expressar seus sentimentos e dizer para simplesmente seguir em frente. Elas podem dizer que não têm tempo para os seus sentimentos. Podem dizer que você está errado em se sentir como se sente. Podem acusá-lo e chamá-lo de "neurótico", "muito emotivo" ou "fora de controle". Tudo isso é invalidante e faz você se sentir pior.

Quem é bom em validá-lo?

Embora algumas pessoas possam não ser tão boas em validá-lo, outras podem ser melhores nisso. O que você pode fazer?

Primeiramente, dê um passo atrás e reconheça que, se estiver compartilhando sentimentos com alguém crítico e invalidante, você estará colocando a mão no fogo e se queimando. Evite compartilhar sentimentos com essa pessoa por enquanto.

Em segundo lugar, pergunte a si mesmo se há alguma pessoa melhor em validar e compartilhe seus sentimentos com ela. Terceiro, considere como você os compartilha e pergunte a si mesmo se há uma forma mais hábil de dividir suas emoções com as pessoas. Discutiremos mais sobre isso no Capítulo 10.

Quem é bom em validá-lo? O que essa pessoa diz ou faz para ajudá-lo a se sentir compreendido e cuidado?

_____

_____

_____

_____

Quem não é bom em validá-lo? O que essa pessoa diz ou faz para que você se sinta invalidado?

_____

_____

_____

_____

Validando a si mesmo

Gostaríamos de ter pessoas boas em nos validar, porém, algumas vezes, a única pessoa com quem realmente podemos contar somos nós mesmos.

Vamos ver como você pode validar a si mesmo.

Recompense a si mesmo

A grande vantagem de recompensar a si mesmo, validar-se e cuidar de si próprio é que você está sempre aí para isso. Você pode sempre estar aí para elogiar a si mesmo e dar-se crédito. Não precisa esperar por outra pessoa.

Uma parte da autovalidação – de cuidar de si mesmo e reconhecer a importância dos próprios sentimentos – envolve recompensar-se o máximo possível. Assim como dizemos aos pais "reconheça quando seu filho está sendo bom", também podemos "reconhecer quando nós estamos sendo bons". Por exemplo, na próxima semana, observe tudo o que você faz, mesmo que seja minimamente positivo. Por exemplo, neste momento você está lendo um livro sobre como cuidar de si. Dê a si mesmo o crédito por isso. Ou você pode fazer algum exercício ou falar com um amigo. Dê a si mesmo o crédito por isso também.

Você também pode validar a si mesmo encontrando o valor e a verdade em seus sentimentos. Por exemplo, você pode se validar dizendo: "Eu posso ouvir meus sentimentos", "Meus sentimentos são importantes" e "Meus sentimentos me pertencem". Seus sentimentos são reais para você. Ouça a sua tristeza e respeite o fato de que é assim que você se sente neste momento. Se isso for difícil no momento presente, reconheça que é difícil. Você pode dizer a si mesmo: "Estou passando por momentos difíceis. Preciso estar aqui para mim mesmo. Preciso cuidar de mim". Tome partido. Tente estar do seu próprio lado.

Expanda os sentimentos dos quais tem consciência

Você pode fazer isso anotando todos os sentimentos do quais tem consciência no momento presente. Por exemplo, Karen estava se sentindo sozinha e triste. Então registrou sua gama de sentimentos: "Estou me sentindo muito triste, muito sozinha neste momento. Gostaria de ter alguém com quem falar, mas não tenho. Sinto-me desencorajada. Sinto-me ansiosa sobre a minha vida, sobre algum dia encontrar alguém com quem compartilhá-la. Também sinto raiva, pois perdi muito tempo com relacionamentos sem saída". Havia muitas coisas acontecendo com ela. Mas Karen foi capaz de estar ali para si mesma e reconhecer que naquele momento estava tendo dificuldades.

Imagine-se como seu melhor amigo. Conforte-se e diga: "Estou aqui para você. Entendo o que está passando". Normalize a forma como se sente dizendo a si mesmo: "Muitas pessoas têm dificuldades com solidão, tristeza, ansiedade e raiva. Isso faz parte de ser humano. Sou humano como todos os outros". Você não está sozinho, pois não é o único que tem sentimentos humanos. Você é como tantos outros.

Reconheça que seus sentimentos estão relacionados aos seus valores. Se estiver solitário, poderá reconhecer e validar o fato de que sua solidão está relacionada a um valor – estar conectado, estar com outras pessoas, compartilhar sua experiência. Isso o ajuda a perceber que você aspira a alguma coisa positiva, que não é superficial, que esses valores são importantes em sua vida.

Entenda que algumas vezes é difícil ser você

Algumas vezes a vida não é o que se espera, e você precisa passar por decepções, confusão, ressentimentos, solidão e os inevitáveis conflitos e perdas nos relacionamentos. Você sente as coisas profundamente, é afetado pelo que acontece em sua vida. Coisas que podem parecer pequenas para alguns são grandes para você.

Sim, é difícil ser você – repleto desses sentimentos intensos, sensível ao que está à sua volta, frequentemente atormentado por pensamentos do que pode acontecer no futuro. Há momentos em que você se sente sozinho – mesmo com outras pessoas por perto – ou momentos em que fica com raiva e sua raiva escala para fúria. Ou vezes em que se sente inundado pela ansiedade e não consegue explicar por que está ansioso.

Sim, você está plenamente vivo com esses sentimentos assustadores. Está perplexo e desesperado, tentando lidar com essa ampla gama de sentimentos terríveis dos quais é capaz. Você gostaria de estar feliz o tempo todo, mas não é constituído dessa maneira – nenhum de nós é um robô.

Sim, há momentos em que você sente felicidade, sente amor, ri tanto quanto qualquer pessoa, e até mesmo há momentos de puro êxtase sobre o quanto alguma coisa é maravilhosa a ponto de emocioná-lo. Você consegue dançar com a poesia e a música da vida, mesmo que saiba que existem sombras escuras e sonhos perdidos que vêm assombrá-lo algumas vezes. É a escuridão e a confusão que o derrubam das alturas que você é capaz de alçar.

Não é fácil ser você. É difícil ser um ser humano capaz de sentir tudo. Mas você é o único "você". Está preso a si mesmo. Ninguém mais está vivendo a sua vida momento a momento – como você está. E pode muito bem acontecer que ninguém entenda plenamente como as coisas são para você algumas vezes.

Porém, mesmo quando se sente sozinho, você não é o único que experimenta a vida como uma montanha-russa, uma viela escura, um fosso, um caldeirão de chamas emocionais. Ninguém na verdade é completamente como você, mas você não é completamente diferente dos outros. Todos estamos perdidos às vezes, todos buscando ser encontrados.

Reconheça que todos têm problemas

Algumas vezes você fantasia ser outra pessoa. Quando vê o quanto a vida dos outros parece ser maravilhosa no Facebook, no Instagram ou outra mídia social, você se pergunta: "O que há de errado comigo que sou tão infeliz, tão solitário, tão ansioso?". Você pode achar que todas as outras pessoas têm uma vida feliz, ótimos relacionamentos, um trabalho gratificante.

Mas as mensagens que recebemos das mídias sociais não são reais – elas são comerciais para uma vida cheia de tendenciosidade positiva, vieses, posturas e falsas narrativas. Quanto mais tempo as pessoas acessam as mídias sociais (como o Facebook), mais deprimidas e com inveja elas se sentem (Appel, Gerlach, & Crusius, 2016; Ehrenreich & Underwood, 2016). Isso porque as mídias sociais pintam uma falsa imagem da vida – como se ela fosse repleta de momentos maravilhosos, férias incríveis, casamentos felizes e perfeitos, filhos lindos com os quais sempre é uma alegria estar junto. Todos estão "celebrando", "gratos" e "humildes" por suas vidas privilegiadas e perfeitas. "Vangloriar-se de ser humilde" é uma das características mais desagradáveis dos anúncios públicos do falso *self* nas mídias sociais.

O fato é que todos têm problemas. Para começar, quase 50% das pessoas entrevistadas em levantamentos nacionais têm história de um transtorno psiquiátrico, com os transtornos de ansiedade e depressão liderando a lista (Kessler et al., 2007). Todos já se decepcionaram, todos têm pessoas amadas que morreram, todos eventualmente vão ficar doentes, e ninguém se sente feliz o tempo todo. A razão por que todos nós entendemos o significado de palavras como *triste, ansioso, solitário, indefeso, desesperançado, com ciúmes, com raiva* e *ressentido* é que em algum momento tivemos esses sentimentos. Todos conhecemos a infelicidade. Não somos uma raça de rostos felizes.

A história de Nikki

Nikki, 28 anos, era uma pessoa gentil, generosa e atenciosa – e se sentia oprimida pela tristeza, pela solidão e por pensamentos de que nunca encontraria um parceiro. Em nossa primeira sessão, identificamos que ela havia idealizado todos que conhecia – todos pareciam ter uma vida maravilhosa –, ao passo que desvalorizava sua própria vida e seus sentimentos.

Então, na semana seguinte, Nikki chegou e iniciou nosso encontro com um ar sarcástico no rosto.

"Bem, acho que eu estava errada sobre o quanto todos são felizes", disse sorrindo. "Depois do nosso encontro, eu estava andando pela rua e vi uma mulher muito atraente, usando um vestido vermelho, e senti inveja. Eu pensei: 'Ela é muito mais bonita do que eu e tem aquele lindo vestido vermelho. Ela deve ter um marido maravilhoso. Olhe para mim, desalinhada, sozinha'. E então vi dois homens se aproximarem por trás, tocarem seu ombro e dizerem que ela estava presa." Nikki deu risada, reconhecendo como outras pessoas nem sempre são o que a embalagem mostra.

Por vezes ajuda normalizar o que parece anormal para nós. Se nos dermos conta de que sofrimento, decepção e tristeza fazem parte de estarmos plenamente vivos, então podemos nos incluir como parte da raça humana. Podemos olhar à nossa volta e ver que estamos todos no mesmo barco, todos lutando para fazer as coisas funcionarem, todos enfrentando decepções, todos percebendo que as pessoas vão nos decepcionar, todos sabendo que somos humanos com capacidade para amor, alegria, compaixão e até mesmo êxtase – mas também capazes de nos sentirmos tristes, indefesos, ansiosos e solitários.

Reconheça a compaixão universal

Vamos deixar um pouco de lado como você se sente e tentar nos conectar com os sentimentos de outras pessoas. Costumo ir a pé ao trabalho todos os dias, a cerca de um quilômetro e meio pela 3ª Avenida, na cidade de Nova York. Enquanto caminho, vejo pessoas apressadas indo para o trabalho, pessoas com carrinhos de bebês, pessoas idosas com andadores e bengalas. Vejo entregadores em suas bicicletas, uma mulher em uma cadeira de rodas com uma caneca para doações. Procuro minha dose matinal de compaixão – não tanto para recebê-la, mas para desejá-la aos outros. Compaixão pode acalmar, confortar e nos conectar com os outros (Gilbert, 2009).

A primeira coisa que observo é alguém com um carrinho de bebê. Noto a bondade-amorosa da mãe ou babá. E penso: "Ela está cuidando do bebê, ela dá amor todos os dias". Noto o amor e o sinto em meu coração. Sinto o amor deles, um pelo outro. Então percebo um entregador em uma bicicleta no trânsito pesado. Provavelmente ele é pobre, recém começou a trabalhar, e essa foi a única ocupação que conseguiu. Ele anda em sua bicicleta em uma situação perigosa para poder pagar suas contas. Sinto compaixão por ele, desejo-lhe o bem, espero que fique em segurança. Sei que a vida dele pode ser difícil e, em meu coração, desejo-lhe felicidade, segurança, que a vida seja melhor para ele. E meu coração sente isso crescendo, e estou mais vivo neste momento.

Eu estou fora de mim mesmo.

Noto um cachorro sendo levado para passear. Vejo sua dona, orgulhosa de seu animalzinho, observando cada movimento, como sua cauda a abanar. Posso ver seu amor e cuidado por aquele animalzinho, vejo que ela o ama e que o cachorro a ama. E este fica excitado com cada cheiro, cada vez que alguém para e diz: "Que cãozinho lindo!". Eu me aproximo com a minha consciência de sua compaixão e amor, noto isso e registro no meu coração.

Recolho compaixão no meu caminho até o trabalho.

Certa noite, depois de um dia particularmente longo, eu voltava para casa. Depois de algumas quadras de caminhada, vi uma mulher idosa andando a passos incertos, tentando atravessar a rua e evitar os carros que passavam, frágil e com medo. Então me aproximei dela e disse: "Posso atravessar a rua com a senhora?". Ela me agradeceu e fomos juntos até a esquina do lado oposto. Apresentamo-nos, e ela disse: "Obrigada, Bob, por me ajudar. Você é muito gentil". E eu disse, espontaneamente, pois realmente me sentia assim: "Não, obrigado à senhora por me deixar ajudá-la. Realmente me fez muito bem".

Este é um exercício para você fazer todos os dias na próxima semana. Quero que você note os exemplos de gentileza que encontrar. Pode ser alguém empurrando um bebê em um carrinho, alguém segurando a porta para outra pessoa, alguém perguntando a outra pessoa como ela está ou alguém levando seu cachorro para passear. Todos estes são exemplos de gentileza. Quando você vir a gentileza, reconheça-a, imagine como é oferecê-la e recebê-la. Como você se sente ao ver essa gentileza?

Exemplos de Gentileza que Eu Vejo

Exemplos de gentileza	Como me sinto quando a vejo

Notar a gentileza faz você se sentir mais otimista, mais consciente do fato de que os outros podem ser generosos e compassivos. Vamos imaginar que comece a direcionar alguma gentileza para si mesmo, alguma compaixão, algum apoio. Imagine alguns dos sentimentos que o preocupam – tristeza, solidão, ansiedade, desesperança, inveja ou raiva. Agora, quero que imagine a pessoa mais gentil, mais amorosa do mundo, parada ao seu lado, com a mão em seu ombro, inclinando-se em sua direção e balbuciando a mensagem amorosa mais acolhedora possível. O que ela diz?

Nikki, que pensava na vida de todas as pessoas como melhores que a dela, imaginou uma voz carinhosa lhe dizendo enquanto estava solitária: "Sei que é difícil ficar sozinha, é difícil estar triste. Mas você é amada e é importante para mim. É uma pessoa boa que realmente merece a felicidade". Pense sobre a mensagem calorosa e calmante que você pode direcionar a si mesmo quando estiver se sentindo incomodado. Você pode ser seu próprio anjo da guarda.

Preencha o exercício a seguir. Na primeira coluna, descreva brevemente a situação na qual se encontra quando tem sentimentos desagradáveis (p. ex., "Estou sozinho, sentado no sofá"). Na segunda coluna, liste suas emoções (p. ex., solidão, tristeza). Na terceira coluna, escreva uma mensagem gentil, amorosa e apoiadora a si mesmo (p. ex., "Você é amado", "Você é uma pessoa boa", "Quero que você se sinta cuidado").

Direcionando Gentileza a Mim Mesmo

Situação	Sentimentos	Palavras gentis para mim mesmo

Pontos Principais

- Chorar faz parte da existência humana.
- Podemos nos sentir confortados pelos outros quando estamos sofrendo.
- A validação nos ajuda a perceber que os outros se importam e que não estamos sozinhos.
- Você pode validar a si mesmo.
- Procure exemplos de compaixão à sua volta – no presente e no passado.
- Direcione compaixão a si mesmo.
- Perceba que cada sentimento que você tem é compartilhado por toda a raça humana.
- Note atos de gentileza nos outros.
- Direcione compaixão e gentileza a si mesmo.

CAPÍTULO 3

Pensando sobre as emoções

Depois que uma emoção emerge – quando estamos nos sentindo tristes, ansiosos ou com raiva, por exemplo –, respondemos a ela com nossos pensamentos a seu respeito e com nossas estratégias para lidar com ela.

Vamos examinar como isso acontece com dois homens, Michael e Nate, que coincidentemente acabaram de romper o relacionamento com suas respectivas namoradas. Cada um deles esteve envolvido por quatro meses, e seus relacionamentos tiveram altos e baixos – algumas vezes eram incríveis, algumas vezes, deploráveis.

As histórias de Michael e Nate

Michael é um rapaz equilibrado que leva em frente a vida, mas também é capaz de sentir a gama completa de emoções. Quando recebe a mensagem de texto de Maria dizendo para que não faça mais contato com ela, imediatamente fica perturbado. Sente-se com raiva, ansioso, confuso e triste. Sua expectativa era a de que iriam resolver as coisas, embora se sentisse ambivalente nos últimos dois meses. Inicialmente, um sentimento pesado de tristeza se abate sobre ele. Pensa: "Isso é terrível" e "Não posso suportar". Mas então começa a se dar conta de que a tristeza será temporária. Ele diz a si mesmo: "É normal ter todos esses sentimentos. É normal ficar triste, ansioso e com raiva". Michael dá a si mesmo o crédito por ser humano. Embora se sinta triste e ansioso, não tem medo desses sentimentos. Não pensa que os sentimentos vão arrasá-lo, ele não vai enlouquecer.

Michael telefona para seu amigo Juan, que sempre está disponível para ele, e se encontram para tomar uma cerveja. Michael conta como se sente a Juan, que é um bom ouvinte e o encoraja a falar sobre seus sentimentos. Juan diz a Michael que todos esses sentimentos fazem sentido e que ele, Michael, está abalado porque sabe que quer uma relação de compromisso e espera se casar algum dia. *A perda dói porque as coisas importam.*

Depois de alguns dias, Michael se sente um pouco melhor, mas ainda tem ondas de tristeza e confusão. Vai trabalhar, encontra-se com os amigos e continua cumprindo seu horário na academia. Embora tenha dificuldade para dormir, sabe que este é um período de transição e que vai superá-lo.

Michael não teme os sentimentos e não tem a necessidade de fugir deles bebendo em excesso. Ele diz a si mesmo: "Você tem que passar por isso para superar". Está disposto a tolerar e aceitar a montanha-russa emocional enquanto se dá conta de que a vida pode ser difícil às vezes, mas que os tempos difíceis mudam.

Já Nate tem uma experiência diferente quando recebe de Nancy a mensagem de texto rompendo a relação. Fica intensamente abalado. Começa a se sentir entorpecido, quase como um zumbi. Sua sensação é a de que isso é irreal, que deve estar sonhando, não consegue acreditar. Nate, então, perambula pelo apartamento, lendo e relendo a mensagem. Geme em agonia e então xinga Nancy. Sente-se cheio de raiva, depois de tristeza e então de confusão – como ondas em um furacão, que o fazem se afogar na intensidade de seus sentimentos. Não consegue acreditar. Nate fica ansioso por estar ansioso e teme um ataque de pânico. Ele começa a tremer e pensa: "Devo estar ficando louco". Com medo de perder o controle por completo e de que esses sentimentos durem para sempre, ele dá um soco na parede. Precisa se livrar dos sentimentos imediatamente. Serve um uísque puro e bebe tudo de uma vez, na esperança de se livrar deles.

No dia seguinte, Nate acorda e se sente devastado pela tristeza. Não consegue entender por que seus sentimentos são tão intensos. Pensa: "Sou um homem adulto, por que sou tão fraco?". Então se recorda de seu pai lhe dizendo que homens não choram, e começa a chorar. Agora pensa que seu choro jamais vai acabar e fica ainda mais ansioso. "Preciso parar de chorar", diz a si mesmo.

Ele tem um bom amigo, Kevin, mas pensa que ele vai achá-lo um perdedor por ficar tão perturbado com um rompimento. Sente-se constrangido com sua própria fraqueza. Sente-se devastado e decide ficar em casa e não ir trabalhar. Não quer ver ninguém no estado em que está, então se atira no sofá e liga a televisão. Ele pensa que outros homens não sentiriam essa perturbação, que seriam capazes de lidar com isso, iriam rir e seguir em frente. Mas sua tristeza parece ter vindo para ficar, e agora ele acha que seguirá deprimido e ansioso por um longo tempo. Rumina sobre como se sente triste e continua pensando: "O que há de errado comigo?". Não consegue aceitar seus sentimentos e quer esquecer tudo, acabar com todos esses sentimentos. Quer se sentir anestesiado.

Nate começa a se abominar, pensando em si mesmo como fraco e descontrolado. Pensa: "Não é de admirar que ela tenha rompido comigo. Sou um perdedor".

Ele acha que deveria ser forte e ter controle sobre suas emoções. Quando começa a chorar, pensa novamente: "Por que sou tão fraco? Outros homens não choram".

À medida que afunda em seu medo e na ruminação de suas emoções, Nate fica cada vez mais deprimido, indefeso e autocrítico. Não sente compaixão por si mesmo e bebe mais para se ver livre desses sentimentos.

ESQUEMAS EMOCIONAIS: RESPOSTAS AOS SEUS SENTIMENTOS

Esses dois homens experimentam as mesmas emoções iniciais durante o rompimento: tristeza, raiva, ansiedade e confusão. No entanto, eles diferem na forma como respondem a elas.

Michael nota seus sentimentos e dá nomes a eles – "Estou me sentindo triste, ansioso, sozinho e desencorajado". Então continua e encara suas emoções como normais, não problemáticas, sem que seja algo de que precisa se livrar imediatamente. É capaz de aceitar seus sentimentos e entende que suas emoções sinalizam alguma coisa importante para ele – seu valor representado pelo desejo de uma relação com compromisso. Ele também vê seus sentimentos como dolorosos, mas temporários, e percebe que, embora sinta as coisas intensamente, as emoções não vão ficar fora de controle e enlouquecê-lo. Michael não está constrangido com seus sentimentos, portanto os compartilha com um amigo de confiança, que o ajuda a lidar com a situação. Embora esteja passando por esses sentimentos no momento presente, acredita que vai superá-los. E aceita a jornada que terá pelo caminho.

A experiência de Nate é muito diferente. Ele tem uma crença mais neurótica e problemática sobre suas emoções. Acredita que elas não fazem sentido, que são problemáticas e que precisa se livrar delas o mais rápido possível. Acha que deveria ser forte e controlar os sentimentos e que outros homens não têm sentimentos tão intensos. Ele teme seus sentimentos e os reprime bebendo. Nate se sente constrangido, pensa que seus sentimentos não são normais e acredita que os outros vão julgá-lo. Não consegue tomar suas emoções como normais e, na verdade, tem desprezo pela forma como se sente. Ele se isola, rumina, evita os amigos e falta ao trabalho. Afunda em uma depressão que continua por meses.

Depois que uma emoção emerge, respondemos a ela segundo uma gama de crenças e estratégias. Essas crenças e estratégias são denominadas *esquemas emocionais*. Como vimos com Michael e Nate, uma mesma situação pode desencadear os mesmos sentimentos, mas a forma como cada pessoa responde a eles é bem diferente. Entretanto, a resposta acontece em um ciclo idêntico. Dê uma olhada no esquema emocional de Michael e em seguida compare-o com o esquema emocional de Nate. Como é possível ver, um lida com a ansiedade de forma problemática, pois esta lhe causa mais dificuldades; o outro tem uma resposta adaptativa à ansiedade que permite a aceitação da emoção e uma variedade de outros sentimentos ao mesmo tempo, o que leva ao crescimento.

Esquema Emocional de Nate

Crenças problemáticas e respostas às emoções

Identifiquei 14 crenças problemáticas e as respostas que temos às nossas emoções:

- **Invalidação** é a crença de que outras pessoas não entendem ou não se importam com nossos sentimentos. Ou você acredita que seus amigos ou companheiro entendem como seus sentimentos fazem sentido para você?
- **Incompreensibilidade** se refere à crença de que as emoções não fazem sentido para você, de que elas parecem surgir do nada ou de que você não consegue entender por que se sente tão ansioso ou triste. Ou você acha que as emoções fazem sentido e que há uma boa razão para se sentir assim?
- **Culpa** se refere à crença de que você não deveria ter esses sentimentos – você pode achar que é errado sentir raiva ou atração sexual. Ou pode se sentir envergonhado se outra pessoa souber que teve inveja do sucesso dela. Ou você vê as emoções como humanas e naturais?

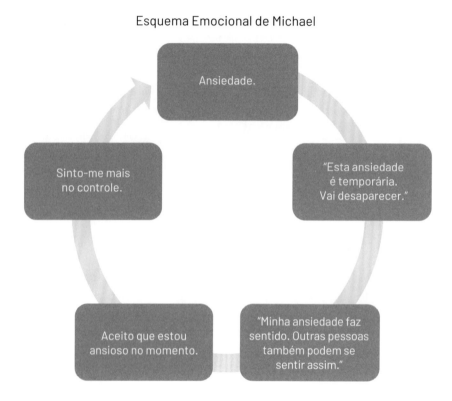

- **Visão simplista da emoção** é a crença de que você não deve ser ambivalente sobre si mesmo ou sobre outra pessoa – você só deve se sentir de uma maneira. Não pode tolerar sentimentos mistos. Ou você acha que a vida é complicada, portanto ter sentimentos "contraditórios" faz sentido algumas vezes?
- **Desvaloriza**ção reflete a crença de que as emoções não estão relacionadas a valores, que não há um propósito válido relacionado elas. Ou você acha que sentimentos dolorosos estão relacionados a questões importantes nos relacionamentos e no significado da vida?
- Crenças de **perda do controle** refletem o pensamento de que emoções intensas saem do controle; então você acha que tem que mantê-las em xeque ou elas serão desvendadas. Ou você acha que as emoções variam de intensidade, mas acabam se tornando toleráveis?
- **Entorpecimento** reflete a crença de que você não experimenta emoções – especialmente emoções intensas –, enquanto outras pessoas podem experimentá-las. O que move outras pessoas parece não o afetar. Ou você nota e experimenta plenamente os sentimentos?

Não acredite em tudo que você sente **39**

- **Racionalidade excessiva** reflete a crença de antiemoção, ou seja, você acha que é extremamente importante ser racional e lógico e que as emoções simplesmente atrapalham. Ou você percebe que nem tudo é racional, que há experiências além da lógica e da racionalidade?
- **Duração** reflete a ideia de que as emoções continuam por longo tempo, que não são temporárias. Ou você encara as emoções como experiências que vêm e vão e têm um fim natural em si mesmas?
- **Baixo consenso** reflete a crença de que as suas emoções são muito diferentes dos sentimentos dos outros. Você algumas vezes acha que é a única pessoa com esses tipos de sentimentos. Ou você acha que seus sentimentos são compartilhados por outras pessoas em todos os lugares em algum momento?
- **Não aceitação das emoções** reflete a crença de que você não consegue tolerar ou aceitar as emoções, que pensa que precisa evitá-las ou escapar delas. Ou você pensa que pode aceitar, tolerar e permitir-se os sentimentos que tem?
- **Ruminação** se refere à sua persistência em certas coisas, frequentemente pensando: "O que há de errado comigo?" ou "Não posso acreditar que me sinto assim". Ou você nota uma emoção, mas é capaz de evitar a ruminação?
- **Baixa expressão** reflete a crença de que você não pode falar a respeito de suas emoções ou expressá-las sem se sentir constrangido ou desconfortável. Ou você acha que pode compartilhar esses sentimentos?
- **Culpa de outros** se refere à crença de que outras pessoas fazem você ter esses sentimentos. A culpa é delas. Ou você assume uma perspectiva de não julgamento de seus sentimentos, não culpando os outros nem a si mesmo?

Agora vamos examinar seu esquema emocional, ou como você pensa a respeito e responde às próprias emoções. Todos diferimos na forma como lidamos com os sentimentos, portanto não há respostas certas ou erradas. O objetivo é simplesmente começar a entender as reações inúteis que você tem em relação a seus sentimentos – assim, poderá eventualmente escolher respostas mais úteis quando os sentimentos forem desencadeados.

Escala de Esquemas Emocionais

Leia com atenção cada crença comum sobre as emoções, que são divididas em 14 categorias de respostas. Ao lado de cada afirmação, avalie o quanto a sentença verdadeiramente reflete como você lidou com seus sentimentos no último mês, usando a escala fornecida.

Escala:
- 1 = muito falso
- 2 = moderadamente falso
- 3 = levemente falso
- 4 = levemente verdadeiro
- 5 = moderadamente verdadeiro
- 6 = muito verdadeiro

Crenças sobre suas emoções	Resposta (1–6)
Invalidação	
As outras pessoas não compreendem e não aceitam meus sentimentos.	
Ninguém se importa realmente com meus sentimentos.	
Incompreensibilidade	
Existem coisas a meu respeito que simplesmente não compreendo.	
Meus sentimentos não fazem sentido para mim.	
Culpa	
É errado ter certos sentimentos.	
Sinto vergonha de meus sentimentos.	
Visão simplista da emoção	
Gosto de ter certeza absoluta sobre o modo como me sinto em relação a outras pessoas.	
Gosto de ter certeza absoluta sobre o modo como me sinto a meu respeito.	
Desvalorização	
Meus sentimentos dolorosos não estão relacionados com meus valores.	
Não tenho um conjunto de valores claros aos quais aspiro.	
Perda do controle	
Se me permitir ter alguns desses sentimentos, temo que perderei o controle.	
Preocupo-me em não ser capaz de controlar meus sentimentos.	

Crenças sobre suas emoções	Resposta (1–6)
Entorpecimento	
Coisas que incomodam as outras pessoas não me incomodam.	
Com frequência me sinto emocionalmente anestesiado, como se não tivesse sentimentos.	
Racionalidade excessiva	
É importante que eu seja razoável e prático em vez de sensível e aberto aos meus sentimentos.	
Acho que é importante ser racional e lógico em quase tudo.	
Duração	
Às vezes temo que, se me permitisse ter um sentimento forte, ele não iria mais embora.	
Sentimentos fortes parecem durar um período de tempo muito longo.	
Baixo consenso	
Frequentemente penso que respondo com sentimentos que outras pessoas não têm.	
Acho que meus sentimentos são diferentes dos de outras pessoas.	
Não aceitação das emoções	
Não aceito meus sentimentos.	
Não posso me permitir ter determinados sentimentos.	
Ruminação	
Quando me sinto "pra baixo", fico sozinho e penso muito sobre como me sinto mal.	
Frequentemente pergunto a mim mesmo: "O que há de errado comigo?".	
Baixa expressão	
Não acredito que seja importante me permitir chorar para que meus sentimentos "saiam".	
Não acho que consigo expressar meus sentimentos abertamente.	
Culpa de outros	
Se as outras pessoas mudassem, eu me sentiria muito melhor.	
Outras pessoas me provocam sentimentos desagradáveis.	

Agora, enquanto você dá uma olhada nas suas respostas à Escala de Esquemas Emocionais, quais categorias de crenças parecem ser as mais altas para você? Quais das categorias incluem como resposta um 5 (moderadamente verdadeiro) ou 6 (muito verdadeiro)? Circule as que o incomodam mais.

ESTRATÉGIAS PROBLEMÁTICAS PARA LIDAR COM SEUS SENTIMENTOS

Todos nós temos emoções desagradáveis e difíceis algumas vezes. Isso faz parte de ser humano. Mas algumas vezes tentamos lidar com as emoções usando estratégias que podem piorar as coisas. Por exemplo, quando Karen se sentia oprimida pelos sentimentos, tinha episódios de compulsão alimentar ou usava maconha na expectativa de que isso a ajudasse a escapar dos sentimentos dolorosos que a atormentavam. Mas compulsão alimentar levava a ganho de peso, o que ela tentava compensar vomitando e usando laxativos. Isso piorou tudo. E sua dependência da maconha parecia roubar sua motivação para fazer qualquer coisa. Ela se tornou mais retraída.

Existem inúmeras estratégias problemáticas que você usa que podem piorar as coisas no longo prazo. Examine o exercício a seguir para determinar se você usa alguma delas.

Estratégias Problemáticas para Lidar com Meus Sentimentos

Reflita sobre como você lidou com suas emoções durante o mês passado. Você usa alguma destas estratégias? Use a escala a seguir para avaliar sua resposta na coluna do meio. Depois, na coluna da direita, dê um exemplo da resposta que usou.

Escala:

- 1 = muito falso
- 2 = moderadamente falso
- 3 = levemente falso
- 4 = levemente verdadeiro
- 5 = moderadamente verdadeiro
- 6 = muito verdadeiro

Como lido com minhas emoções	Avaliação (1-6)	Exemplo
Evito situações.		
Saio ou escapo das situações.		
Bebo álcool.		
Como demais.		
Uso drogas.		
Busco reasseguramento constantemente.		
Preocupo-me com o futuro.		
Rumino meus sentimentos sobre o passado.		
Culpo outras pessoas.		
Queixo-me.		
Envolvo-me em comportamento sexual de risco.		

Como lido com minhas emoções	Avaliação (1-6)	Exemplo
Distraio-me na internet ou com a televisão.		
Durmo excessivamente.		
Arranco meu cabelo ou belisco minha pele.		
Corto-me ou me machuco.		
Outro:		
Outro:		

Examine as respostas às estratégias que você usa com mais frequência e pense sobre os efeitos que elas têm em você. Elas estão melhorando ou piorando as coisas?

Por que essas estratégias são problemáticas?

Considero essas *estratégias problemáticas* porque, embora possam ajudá-lo momentaneamente a reduzir ou eliminar uma emoção desagradável, elas acrescentam outro problema a ser enfrentado. Por exemplo, se você recorrer à evitação ou à fuga, estará limitando drasticamente suas experiências na vida; evitação com frequência é o precursor da depressão. Se você recorrer a álcool ou drogas, poderá desenvolver dependência dessas substâncias, o que o deixará mais propenso a ansiedade, depressão e dificuldades interpessoais.

Se você continuamente busca reasseguramento em outras pessoas, não aprende a tomar decisões sozinho, e os outros podem lhe dar maus conselhos. Se você se preocupar com o futuro ou ruminar o passado – tentando eliminar a incerteza ou entendê-la –, estará vivendo em um mundo que com frequência não existe, irá focar continuamente no negativo e não será capaz de estar plenamente presente em sua vida atual. Se culpar os outros, acrescentará outra emoção ao seu repertório – raiva –, e isso pode interferir em suas relações com outras pessoas.

Queixar-se pode lhe dar a impressão de que as demais pessoas o compreendem, mas a queixa também pode afastá-las. Tentar lidar com seus sentimentos recorrendo ao comportamento sexual pode ser prazeroso e excitante algumas vezes, mas você também corre o risco de se envolver em relacionamentos que aumentam os problemas. Muitos de nós nos distraímos na internet ou assistindo a muita televisão; isso algumas vezes pode ser agradável, mas faz você se afastar de uma vida plena e desconectar-se dos amigos. Quando usa o sono excessivo para lidar com emoções desagradáveis, você acrescenta passividade e isolamento e reduz a chance de mergulhar plenamente em uma vida significativa; na verdade, passividade, isolamento e evitação são características da depressão.

Muitas pessoas se acalmam arrancando os cabelos, beliscando a pele ou roendo as unhas; isso pode momentaneamente distraí-las de suas emoções e até lhes proporcionar alguns minutos de prazer, mas elas podem perder o cabelo, lesionar a pele ou, caso engulam cabelo ou unhas, ter problemas médicos. Algumas vezes você pode se sentir tão pressionado pelas emoções que é capaz de se cortar ou se ferir de alguma maneira. Isso, claro, é perigoso – e só aumenta a crença de que está fora de controle.

Felizmente, você pode aprender uma grande variedade de *estratégias úteis* para lidar com as emoções. Mas, primeiramente, é importante ser honesto e realista sobre as estratégias inúteis a fim de que possa começar a eliminá-las.

Pontos Principais

♦ A forma como pensamos e agimos quando temos uma emoção pode melhorar ou piorar as coisas.

♦ Esquemas emocionais são nossas crenças sobre as emoções e nossas estratégias para lidar com elas.

♦ Se você acredita que suas emoções negativas vão durar indefinidamente, vão sair do controle ou não fazem sentido – ou que você é diferente das demais pessoas –, então tem mais probabilidade de ficar ansioso e deprimido.

♦ Se acha que as outras pessoas têm os mesmos sentimentos que você, que os sentimentos vêm e vão e que consegue tolerar sentimentos mistos, você tem menos probabilidade de ficar abalado por causa dos sentimentos.

♦ Suas emoções negativas irão piorar se você utilizar estratégias problemáticas para lidar com esses sentimentos.

♦ Essas estratégias problemáticas incluem preocupação, evitação, culpar outros, abuso de substância, compulsão alimentar e queixas.

CAPÍTULO **4**

A abordagem do esquema emocional

Durante os últimos 15 anos, desenvolvi uma abordagem para ajudar as pessoas a lidar com as emoções. Denomino essa abordagem *terapia do esquema emocional*. Enfatizo como cada um de nós tem suas próprias teorias sobre as emoções e como pode lidar com elas (Leahy, 2015; Leahy, 2018). Por exemplo, alguns de nós acreditamos que certas emoções são "ruins" e, então, nos sentimos envergonhados por esses sentimentos.

Como você aprendeu no capítulo anterior, algumas pessoas acham que é "ruim" sentir ciúme, raiva ou solidão, enquanto outras acham que não há problema em ter esses sentimentos. Alguns acreditam que, se nos permitirmos ter uma emoção intensa, ela irá durar indefinidamente, nos incapacitar e causar danos irreparáveis; outros acham que uma emoção intensa passa com o tempo, então podem aceitá-la. Teorias problemáticas sobre as emoções levam a estratégias problemáticas para lidar com elas, como usar drogas ou álcool, evitar situações que despertam nossos sentimentos, culpar outras pessoas, persistir e ruminar sobre a experiência, preocupar-se com o futuro ou continuamente buscar reasseguramento.

A terapia do esquema emocional não é uma abordagem de bem-estar – é uma abordagem *realista* que propõe que as emoções, tanto as difíceis quanto as agradáveis, fazem parte da experiência de uma vida plena. Em vez de focar em *nos sentirmos bem*, focamos na capacidade de *sentir tudo* e crescer no processo. O objetivo é ajudá-lo a encontrar riqueza no significado da vida – em vez de ter uma abordagem superficial e depreciativa que rouba sua capacidade de ter sentimentos profundos. Você vai aprender a aceitar, tolerar e usar as emoções de forma construtiva – em vez de temer e reprimir os sentimentos.

OS CINCO PRINCÍPIOS DA TERAPIA DO ESQUEMA EMOCIONAL

Muitos de nós temos crenças problemáticas sobre os sentimentos – de que não deveríamos ter os sentimentos que temos, de que outras pessoas não têm os mesmos sentimentos, de que nossas emoções estão fora de controle, de que precisamos eliminar imediatamente os sentimentos desagradáveis. Elas são problemáticas porque são irrealistas. Também problemáticas são certas estratégias que você usa para lidar com as emoções, piorando as coisas.

Antes de examinarmos as estratégias úteis que você pode começar a praticar hoje, vamos dar uma olhada nos cinco princípios da abordagem do esquema emocional que podem ajudá-lo a aprender a conviver com os sentimentos, em vez de fugir deles ou eliminá-los:

- Emoções difíceis e desagradáveis fazem parte da experiência de todos.
- As emoções nos alertam, nos falam sobre nossas necessidades e nos conectam com o significado.
- Emoções fortes podem nos orientar ou nos enganar.
- Crenças sobre as emoções podem tornar difícil tolerarmos os sentimentos.
- As estratégias para lidar com as emoções podem melhorar ou agravar os problemas.

Emoções difíceis e desagradáveis fazem parte da experiência de todos

Se você acha que não deve se sentir ansioso, sente-se ansioso por se sentir ansioso. Se você se sente culpado por sentir raiva, então se sentirá com raiva, culpado, ansioso *e* confuso. E, se acha que jamais deve sentir inveja de alguém que está em melhor situação do que você, então terá dificuldades para enfrentar as desigualdades da vida diária.

Nós, humanos, temos uma gama de emoções que nos ajudaram a nos adaptarmos aos riscos, aos conflitos e às demandas da vida em um mundo de escassez e perigo. Nossos ancestrais pré-históricos lutavam contra a fome, a privação, as ameaças de outros humanos e contra animais perigosos. A vida era frequentemente brutal, repleta de mortes e perdas repentinas, e nossas emoções evoluíram para nos alertar sobre esses perigos e nos manter alertas.

Emoções dolorosas e desagradáveis são universais. Você não está sozinho. Todos são capazes de sentir qualquer das emoções que você experimenta. O motivo por que somos capazes de falar com as pessoas sobre raiva, ansiedade, tristeza, solidão, desamparo e confusão é que todos já tivemos essas experiências em algum momento. Estamos conectados por nossos sentimentos.

Por que isso é importante? Porque saber que você compartilha emoções com o resto da humanidade faz com que se sinta menos diferente, menos inadequado e menos sozinho. Se voltarmos atrás na literatura de centenas ou mesmo milhares de anos, aprenderemos que no antigo Oriente Médio, há 4.500 anos, um autor anônimo escreveu sobre o Heroico Gilgamesh: "Ele viu de tudo, experimentou todas as emoções, da exaltação ao desespero, lhe foi concedida a visão do grande mistério, os lugares secretos, os dias primitivos antes do Dilúvio" (Miller, 2004).

Sabemos que os guerreiros gregos clássicos na *Odisseia*, de Homero, e na *Eneida*, de Virgílio, choravam, ficavam tristes, sentiam medo, buscavam vingança e ansiavam para voltar à terra natal. Shakespeare descreveu o ciúme de Otelo, o desejo de vingança de Hamlet e o sentimento de humilhação e traição do Rei Lear. Sabemos que em todas as culturas as pessoas lamentam a morte daqueles que amam e que homens e mulheres choram publicamente. As canções que ouvimos nos falam de amor, perda e desejo. Em todos os lugares à nossa volta as emoções clamam por serem ouvidas. Você sente suas emoções porque ouve o que a vida lhe diz neste momento.

Quase todos, em algum momento, sentem de tudo. Você não atravessa a vida inteira sem uma grande variedade de emoções. E não é o único que se sente com raiva, solitário, sem esperança, indefeso, envergonhado, culpado, com ciúme ou vingativo.

Como você pensaria e se sentiria se percebesse que todos são capazes de ter todos os sentimentos que você experimenta?

As emoções nos alertam, nos falam sobre nossas necessidades e nos conectam com o significado

Emoções como medo de altura, de espaços fechados e de estranhos nos dizem que pode haver perigo à frente. Elas nos motivam a escapar ou evitar. Sem a intensidade e o senso de urgência dessas emoções, nossos ancestrais nunca teriam sobrevivido. Medo e raiva davam a eles um senso de urgência, já que escapavam de animais perigosos e humanos ameaçadores. Assim como a sensação de fome nos fala da necessidade de alimento, a solidão nos fala de nossa necessidade de conexão, nossa necessidade de tocar e sermos tocados.

Nossa raiva nos fala sobre nosso senso de injustiça, o significado de equidade e o desejo de defender nosso senso de honra e decência. Quando somos tocados por sentimentos de amor – ou de perda –, as emoções nos comunicam o quanto uma pessoa ou item é significativo para nós. É praticamente impossível passar pela vida desfrutando do significado de conexão, amor e amizade sem experimentar em algum momento sentimentos de perda, decepção e mesmo desilusão.

Temos emoções porque as coisas importam para nós, porque atribuímos significado à experiência, porque nos importamos. Sem emoções, a vida seria vazia, automatizada e sem sentido.

Como as emoções lhe falam sobre suas necessidades, direitos e valores? Dê exemplos.

Emoções intensas podem nos orientar ou nos enganar

Precisamos que nossas emoções nos digam o que é importante e nos ajudem a tomar decisões. Elas podem nos dizer "isso parece certo" ou "isso é perigoso". Mas também podem nos enganar. Por exemplo, podemos concluir que alguma coisa é perigosa simplesmente porque nos sentimos ansiosos: "Este avião é perigoso. Sei disso porque me sinto ansioso." É o denominado *raciocínio emocional*, que pode nos levar a pensar que uma pequena inconveniência é uma catástrofe.

Podemos agir impulsivamente com base em uma emoção intensa e nos arrependermos disso. Podemos sentir raiva e nos tornarmos hostis com nosso companheiro ou amigo – e mais tarde percebermos que interpretamos mal o que estava acontecendo e agimos contra nossos interesses em longo prazo. Podemos nos sentir solitários e tristes e tentar aplacar a dor com álcool, drogas ou alimento. Mais tarde nos arrependemos. A intensidade das emoções com frequência pode ser um sinal de que estamos reagindo com exagero – de que precisamos recuar, refletir sobre as coisas e considerar as consequências em mais longo prazo. Ter um sentimento forte sobre alguma coisa não é garantia de que estejamos certos. Podemos estar, mas também podemos estar respondendo à emoção do momento, não ao cenário mais amplo.

Iremos aprender como o *sequestro emocional* pode levar a nos sentirmos fora de controle e a ter comportamentos dos quais podemos nos arrepender. Perceber o sequestro quando ele ocorre e perceber que estamos nos sentindo dominados por raiva, ansiedade, tristeza e desesperança é um bom sinal de que precisamos recuar – e usar as técnicas descritas neste livro.

Você se reconhece sendo sequestrado? Já disse ou fez coisas quando se sentiu sobrecarregado e se arrependeu depois? Você não está sozinho. Mas o arrependimento pode ser uma ferramenta útil para aprender com a experiência. *Não desperdice o erro.* Utilize-o para se corrigir no futuro – para se perceber sendo sequestrado e começar a usar melhores ferramentas para se ajudar.

Como suas emoções intensas o levaram a dizer ou fazer coisas de que você se arrependeu posteriormente? Qual foi a consequência?

Crenças sobre as emoções podem tornar difícil tolerarmos os sentimentos

Se você acredita que suas emoções vão durar indefinidamente, então ficará ansioso assim que emergir uma emoção intensa. Se acha que suas emoções vão incapacitá-lo, vai imediatamente tentar se livrar desses sentimentos. Em ambos os casos, ficará ansioso em relação aos seus sentimentos, e isso irá envolvê-lo em uma espiral de maior intensidade dos sentimentos indesejados.

Se você acredita que seus sentimentos não fazem sentido, então vai ruminar sobre "Por que eu me sinto assim?" ou continuamente buscar reasseguramento em outras pessoas. Se acha que só deveria se sentir de uma maneira sobre alguém, então será difícil para você tolerar a ambivalência. Você pode se sentir culpado e envergonhado acerca de seus sentimentos, mesmo que eles possam ser semelhantes aos que muitas outras pessoas experimentam.

Você tem alguma dessas crenças sobre suas emoções? Você irá aprender que as crenças sobre as emoções podem ser mudadas. E essa mudança pode ajudá-lo a evitar o pânico emocional que o sequestrou.

Você acredita que suas emoções vão durar muito, vão oprimi-lo ou serão intoleráveis? Em caso afirmativo, como suas crenças o levaram a pensar, dizer ou fazer coisas de que pode se arrepender?

As estratégias para lidar com as emoções podem melhorar ou agravar os problemas

Todos nós temos nossas próprias formas de lidar com sentimentos difíceis. Existem estratégias úteis e inúteis. As estratégias inúteis incluem evitar qualquer coisa que nos deixe desconfortáveis, como beber excessivamente, ruminar sobre nossos sentimentos ("O que há de errado comigo?"), culpar outras pessoas, comer compulsivamente, buscar distração na internet, ficar passivos e nos isolarmos.

O problema com essas estratégias de enfrentamento inúteis é que cada uma delas agrava ainda mais as coisas no longo prazo. Você pode inicialmente se sentir menos ansioso se beber ou comer em excesso, mas depois terá os problemas adicionais de uma ressaca ou de se sentir fora de controle.

Alguma dessas estratégias inúteis lhe parece familiar? Mais uma vez, isso faz parte da natureza humana, e você precisa ser compassivo consigo mesmo quando reconhecer isso. Seu estilo de enfrentamento tem sido a sua forma de "cuidar" de si no presente – e agora você vai aprender estratégias mais úteis para lidar com os sentimentos. Depois que tiver aprendido novas formas de pensar sobre os sentimentos e de como lidar com eles, terá menos medo dos sentimentos.

Que estratégias problemáticas você já usou para lidar com os sentimentos? Como isso o afetou? Essas estratégias de enfrentamento lhe causaram outros problemas?

SEIS ESTRATÉGIAS INTELIGENTES

Somos uma sociedade de consumo, e muitos de nós procuramos livros de autoajuda que nos farão felizes imediatamente e tornarão nossa vida mais fácil. Este não é um desses livros. Não, eu estou assumindo uma abordagem mais realista da vida que acredito que você reconhecerá como mais autêntica e mais consistente com a forma como experimenta a vida. Não estou tentando tornar sua vida fácil – porque sei que a vida nem sempre é fácil. *Quero ajudá-lo a viver uma vida realista.*

Estas são as chamadas estratégias inteligentes, pois nos ajudam a lidar com o mundo real – e parte do mundo real são nossas emoções. Aqui estão elas:

- *Realismo emocional*
- *Decepções inevitáveis*
- *Desconforto construtivo*
- *Fazer o que não quer*
- *Imperfeição bem-sucedida*
- *Satisfação flexível*

Realismo emocional

Algumas vezes achamos que nossas emoções deveriam ser boas, felizes, fáceis, agradáveis e completamente claras para nós. Isso é o que chamo de *perfeccionismo emocional*. É como se esperássemos que a vida fosse tranquila e livre de problemas, com rostos felizes, celebrações de tudo e sempre fácil. Esta não é uma vida que alguém possa ter. Com a ênfase popular em sentir-se feliz, com rostos sorridentes olhando para você das suas telas, você pode se perguntar o que há de errado com você, que não está andando por aí com um sorriso feliz o tempo todo. O perfeccionismo emocional reflete a falsa crença de que as emoções devem ser "boas", "felizes" e "descomplicadas". Isso o deixa incapaz de tolerar tristeza, frustração, ciúme ou solidão.

O perfeccionismo emocional torna difícil tomar decisões, pois você quer uma garantia de que vai se sentir perfeitamente bem com suas escolhas. Você não será capaz de tolerar ambivalência, situações conflitantes ou frustração e vai acabar ruminando sobre seus sentimentos porque pensa: "Não consigo entender por que me sinto assim". O perfeccionismo emocional cria uma expectativa irrealista de que as emoções desagradáveis e difíceis são um sinal de alguma falha mais profunda. Você acha que não deveria se sentir ansioso, ressentido, ciumento, confuso, triste ou solitário. Em consequência, as emoções inevitáveis da vida real se transformam em um fardo adicional.

Sugiro uma abordagem diferente. Denomino essa abordagem *realismo emocional*, que abre espaço para *todas* as emoções, que o ajuda a aceitá-las, normaliza o que parece anormal para você e permite que tolere os sentimentos difíceis que fazem parte da vida de qualquer pessoa.

Como ajudaria se você abrisse mão do perfeccionismo emocional e adotasse o realismo emocional? O que mudaria para você?

Decepções inevitáveis

Relacionado ao realismo emocional está o reconhecimento de que às vezes você ficará decepcionado. Nenhum livro de autoajuda, terapia ou medicação conseguirá livrá-lo das decepções inevitáveis que acompanham uma vida plena. Felicidade é um *conceito relativo* nesse modelo, já que uma expectativa realista é que você pode ser feliz com mais frequência do que é agora. Mas o objetivo não deve ser a felicidade total ou a ausência de decepção.

As coisas nem sempre saem conforme planejado, portanto temos que aprender a nos recuperarmos da frustração e da decepção. Isso significa que temos que aprender a seguir em frente mesmo quando caímos, mesmo que os amigos nem sempre "nos entendam", mesmo quando nosso trabalho não é completamente gratificante. Decepção inevitável não significa que nossos relacionamentos sejam desastrosos. Significa apenas que, juntamente com o que é bom, haverá algo que não é tão bom, que nossos entes queridos e nós mesmos seremos completamente humanos e cometeremos erros. Significa que precisamos encontrar o *equilíbrio que importa*.

Como você responde às decepções? Quando um amigo o decepciona, você encara isso como uma traição pessoal, uma catástrofe ou como algo que só acontece com você? Ou acha que amizades frequentemente envolvem decepções? Por exemplo, não é provável que iremos decepcionar nossos amigos? Quando pessoas no seu trabalho – ou seu chefe ou colegas – não agem da forma como gostaria, você pensa: "Não consigo acreditar que eles fizeram isso"? A sua vida é frequentemente caracterizada por uma sensação de que não consegue acreditar que as pessoas fazem o que fazem?

E se você mudasse a visão de decepção e pensasse que, se as pessoas fizessem metade do que gostaria que fizessem, você poderia ficar satisfeito? Todos nós somos imperfeitos, algumas vezes somos mesquinhos, outras vezes decepcionamos uns aos outros. E se você incluísse isso em sua expectativa sobre o que é normal?

Assim como o tempo pode estar bonito, chuvoso, inclemente ou imprevisível, nossas vidas também podem ser assim. Isso faz parte do pacote. Isso não significa que você seja um cético. Simplesmente significa que tem de estar preparado para o que provavelmente vai acontecer. Talvez hoje seja um dia chuvoso, mas o tempo pode mudar.

Se pudermos realisticamente esperar algumas decepções na vida, não teremos que desistir e ficar sem esperança quando elas ocorrerem.

Como você pensaria e se sentiria se normalizasse o fato de ficar decepcionado às vezes – até consigo mesmo?

_____

_____

_____

_____

_____

Desconforto construtivo

Pense em alguma coisa que realizou na vida, alguma coisa que fez e foi importante para você, como aprender uma habilidade, formar-se em um programa, ajudar um amigo ou membro da família em necessidade ou superar um obstáculo que lhe parecia quase impossível. O quanto de desconforto estava envolvido? Meu palpite é que, se você adquirisse uma habilidade (como aprender uma língua, tocar um instrumento musical ou desenvolver uma capacidade atlética), isso iria demandar tempo, frustração e desconforto. Exigiria fazer alguma coisa difícil. Isso também se aplica no caso da superação da ansiedade, que requer tolerar o desconforto que ela causa enquanto você busca os objetivos valorizados. Se quiser superar o medo de voar, você precisa voar enquanto está ansioso. Se quiser ter um relacionamento íntimo significativo, terá de tolerar algum desconforto, decepção e frustração. *Nem sempre as coisas serão nos seus termos.*

Você pode dizer: "Já estou desconfortável – por que preciso ter mais desconforto?". Isso é compreensível. Mas não estou falando em tolerar desconforto como um estilo de vida masoquista. Estou falando em tolerar desconforto para atingir os objetivos valorizados. Isso é construtivo na medida em que se reconhece que tornar as coisas melhores envolve sentimentos desconfortáveis. Quando você fala com alguém que está estudando balé e lhe pergunta: "Como foram seus exercícios?", essa pessoa diz: "Bom, doeu bastante". Em outras palavras, aquele foi o desconforto certo – foi um desconforto que refletia o sentimento de se esforçar ao máximo, fazendo o exercício necessário. E ela podia sentir. Era o desconforto que tinha um propósito – era um *desconforto construtivo*.

Pense no desconforto como um meio para um fim – você vai precisar tolerar o desconforto para atingir seus objetivos. Pense no desconforto como um investimento em você mesmo: "Vou tolerar o desconforto para construir meu futuro". Pense sobre o desconforto como uma ferramenta: "Vou usar meu desconforto para obter o que desejo na vida".

Você está disposto a tolerar desconforto? Como? Quais são as coisas desconfortáveis que estaria disposto a fazer?

_____

_____

_____

_____

_____

Você se sentiria melhor se conseguisse tolerar desconforto enquanto busca uma vida valorizada?

_____

_____

_____

_____

_____

Fazer o que não quer

Progredir na vida envolve fazer coisas que não queremos. Tomemos o exemplo da perda de peso. Apesar de todas as dietas e teorias que existem por aí, na verdade tudo se resume a consumir menos calorias e queimar mais. O que você está disposto a fazer para atingir seus objetivos? Está disposto a fazer o que precisa ser feito?

A questão não é: "O que você *quer* fazer?". A questão real é: "O que você está *disposto* a fazer?". Se for honesto sobre o que quer fazer, poderia dizer que quer fartar-se de comida e ficar deitado no sofá consumindo alimento não saudável, tomando cerveja e vendo vídeos.

Mas progresso significa *fazer o que você não quer para que possa obter o que deseja.*

Com frequência obstinadamente dizemos que não queremos fazer determinada coisa. "Não quero estudar." "Não quero me exercitar." "Não quero correr o risco." "Não quero fazer nenhum trabalho deste livro de exercícios." É como se achássemos que nossas vidas serão ótimas, gratificantes e significativas se fizermos apenas o que quisermos. Mas progresso e vida reais significam fazer o que não se quer. Uma vida melhor não acontece simplesmente. Ela é consequência do que escolhemos fazer – ou não fazer.

Por que você deveria fazer o que não quer? *Porque é assim que vai atingir seus objetivos.* Depois que se disciplinar – depois que estiver disposto a escolher o que precisa ser feito para atingir os objetivos e viver uma vida de valores – e depois que estiver a cargo de si mesmo, então você se sentirá fortalecido.

Quero que você chegue ao ponto em que diga com orgulho: "Eu faço as coisas difíceis".

Como você pensaria e se sentiria se estivesse mais disposto a fazer o que não quer?

Imperfeição bem-sucedida

Uma das crenças problemáticas que dificultam o progresso é o pensamento de que é preciso ser perfeito para progredir. Um de meus pacientes me disse alguns anos atrás que uma ideia importante nos Alcoólicos Anônimos é "o progresso, não a perfeição". Isso captura exatamente a ideia correta de que você pode se sair cada vez melhor sem fazer o melhor a cada vez. Por exemplo, talvez você ache que deveria se exercitar por uma hora, quatro dias por semana, para entrar em forma. Isso seria maravilhoso, mas, neste momento, pode ser que não esteja fazendo nenhum exercício. Assim, fazemos progresso imperfeitamente se colocarmos a meta de 20 minutos de exercícios leves três vezes por semana. Tudo que o faça avançar na direção certa é progresso. Você pode obter sucesso fazendo imperfeitamente coisas que o fazem avançar. Cada passo adiante conta como progresso. O problema com muitos de nós é a ideia de que tem de ser absolutamente o melhor para contar como progresso.

Ao longo dos anos, tenho trabalhado com inúmeros editores que me disseram que há pessoas que firmam contratos para escrever livros, mas jamais os escrevem. Frequentemente são pesquisadores acadêmicos brilhantes, que têm alguma coisa importante a dizer, mas não se organizam para colocar em prática. Eles geralmente procrastinam porque não conseguem colocar no papel a coisa exata e correta. Então nada é concluído. Muitas vezes eles esperam para se sentirem inspirados, para se sentirem prontos.

Eu disse a um dos meus editores: "Não entendo, eu achei que eles queriam escrever um livro". Ele respondeu: "Eles dizem que querem escrever um livro, mas o que querem dizer é que gostariam de *ter um livro escrito*".

Um artista bem-sucedido certa vez me disse que você tem de encarar a pintura como um trabalho em que você vai para o estúdio todos os dias. Um escritor de sucesso me disse: "Você não progride esperando pelas musas". Trabalhar diariamente em direção aos objetivos, fazer as coisas imperfeitamente, reformular o que está feito e ser capaz de se contentar com mais em vez do melhor, tudo isso vai ajudá-lo a progredir. *Imperfeição bem-sucedida é como as pessoas bem-sucedidas pensam.*

O que você seria capaz de fazer se buscasse as coisas imperfeitamente?

Satisfação flexível

Todos nós temos expectativas sobre nossos relacionamentos, trabalho, renda, bem--estar físico e como vivemos. Mas então tratamos essas expectativas como se elas fossem necessidades: "É necessário que eu tenha um trabalho que seja totalmente gratificante" ou "Eu esperava estar além de onde estou". O quanto você está preso a essas expectativas sobre o trabalho, sobre os relacionamentos e sobre a vida?

Algumas pessoas são *maximizadoras* e esperam que as coisas sejam incríveis, excelentes e as melhores todas as vezes. E outras são *pessoas satisfeitas,* que esperam que as coisas possam ser boas, mas estão dispostas a aceitar menos do que o perfeito. As pesquisas sobre maximizadores e pessoas satisfeitas mostram que os maximizadores têm dificuldade em tomar decisões, são menos satisfeitos com os resultados e experimentam mais arrependimento. Qual é o máximo que se pode alcançar, se esse estilo de pensar, esperar e demandar deixa-o infeliz?

Frequentemente tratamos nossas expectativas como se fossem *exigências* ou *regras de vida.* Alguém poderia dizer: "Eu esperava já estar casado a esta altura" e então se sente desanimado e derrotado por não ter o que esperava. Ou essa pessoa poderia dizer: "Eu esperava estar adiante em minha carreira neste momento" e se sentiria fracassada. Perguntei a uma de minhas pacientes: "Onde foi que você arranjou essa expectativa?". Ela me olhou como se a pergunta fosse absurda. Jamais havia lhe ocorrido que as expectativas são *arbitrárias* – ninguém nasce com expectativas sobre relacionamentos e trabalho. São expectativas que você pode ter aprendido com seus pais ou seus amigos, mas são totalmente arbitrárias.

Se as expectativas são arbitrárias, então você pode mudá-las a qualquer momento. Uma maneira de pensar sobre esse conceito é perguntar como se sentiria se mudasse sua expectativa para se adequar ao ponto onde você está neste momento. Por exemplo, Andy estava desempregado, e sua expectativa era a de que, dentro de seis semanas, teria outro emprego. Pedi que ele considerasse a possibilidade de ser mais flexível quanto ao tempo – permitindo-se mais dois meses. A pressão saiu dos seus ombros, e ele então pôde se permitir mais tempo.

Outra forma de pensar sobre expectativas é imaginar como você poderia ficar satisfeito com o que já tem. Frequentemente somos inundados com imagens de pessoas ricas, bonitas e famosas, e quase nenhum de nós estará à altura desses padrões. (Não que pessoas ricas, bonitas ou famosas sejam realmente assim tão felizes. O que conta não é o que você tem, é o que acha que precisa – o que tem de ter – que deixará você infeliz.) Mas imagine se você pudesse ficar satisfeito com o que tem neste momento. Por exemplo, há pessoas solteiras, não ricas, não famosas, não bonitas e que não são a alma da festa – algumas dessas pessoas estão satisfeitas? E se você decidisse trabalhar para aceitar alguma satisfação no presente, agora mesmo, com o que existe em sua vida?

Ser flexível com o que pode deixá-lo satisfeito pode libertá-lo de muita turbulência emocional.

Como você pensaria e se sentiria se fosse mais flexível quanto ao que está disposto a aceitar como satisfatório?

Pontos Principais

◆ Emoções difíceis e desagradáveis fazem parte da experiência de todos.

◆ As emoções nos alertam, nos falam sobre nossas necessidades e nos conectam com um significado.

◆ Emoções fortes podem nos orientar ou nos enganar.

◆ Crenças sobre as emoções podem tornar difícil tolerarmos nossos sentimentos.

◆ As estratégias que usamos para o enfrentamento das emoções podem tornar as coisas melhores ou piores.

◆ Realismo emocional significa que você não tem sentimentos felizes e perfeitos o tempo todo.

◆ Decepções inevitáveis significam que todos se decepcionam. Aceite isso como normal.

◆ Desconforto construtivo significa que você irá progredir se for capaz de tolerar desconforto.

◆ Você não pode fazer apenas o que quer caso pretenda alcançar o que deseja.

◆ Imperfeição bem-sucedida significa que você pode progredir agindo imperfeitamente.

◆ Satisfação flexível significa que você precisa estar aberto a uma gama de possibilidades para experimentar satisfação.

CAPÍTULO 5

Minhas emoções vão durar para sempre

Se você já teve um ataque de pânico, sabe o quanto isso pode ser assustador. Seu coração dispara, você tem dificuldade para respirar, seu corpo começa a tremer, e você pensa que essas sensações intensas e aterrorizantes vão durar para sempre – e matá-lo ou enlouquecê-lo. Uma ansiedade intensa frequentemente transmite mensagem de permanência, de que jamais vai acabar. Mas, nos muitos anos de tratamento de pessoas que tiveram ataques de pânico, jamais vi um cliente entrar em meu consultório com um ataque de pânico. Todos os ataques de pânico chegam ao fim. Eles são autolimitados. Tudo o que sobe desce.

E o mesmo pode ser dito sobre outras emoções.

Vamos tomar como exemplo a raiva – outra emoção intensa que com frequência parece esmagadora, fora de controle e nos domina completamente. Mas se você tentar pensar na raiva mais intensa que já sentiu, sou capaz de apostar que neste exato momento essa raiva é muito menor ou desapareceu completamente. É como se o maremoto que o consumiu tivesse recuado e agora as águas parecessem calmas.

Você já teve algum destes pensamentos sobre suas emoções?

Vou me sentir sozinho para sempre.

Essa tristeza não vai acabar.

Vou ter raiva disso para sempre.

Jamais vou me sentir feliz de novo.

Meus sentimentos de desesperança vão durar indefinidamente.

Jamais vou parar de chorar por isso.

Estas são crenças muito comuns sobre emoções intensas, e podemos acreditar que o sentimento será permanente. Vamos examinar como essa forma de pensar nos afeta – e se soma ao nosso sentimento de desespero.

POR QUE PENSAMOS QUE NOSSAS EMOÇÕES VÃO DURAR PARA SEMPRE?

As emoções evoluíram para nos proteger e garantir que pudéssemos transmitir nossos genes. Elas não evoluíram para nos deixar felizes, satisfeitos ou nos tornar pessoas fáceis de lidar. Os medos – como o medo de altura, de água, de estranhos e de espaços fechados – evoluíram porque essas situações poderiam nos matar. Você poderia cair de um penhasco, se afogar no lago, ser morto por um estranho ou ser encurralado por um predador em um espaço fechado. *Os medos protegem*.

A tristeza nos ensina que devemos desistir de uma causa perdida, que perseguir alguma coisa da forma como estamos fazendo não vale a pena e que devemos encontrar uma alternativa.

Para que as emoções nos transmitam uma mensagem convincente, elas têm de nos assustar. Têm de nos motivar a fazer alguma coisa – como fugir, evitar, atacar ou nos esforçarmos mais. As emoções têm de ser suficientemente alarmantes, suficientemente perturbadoras e suficientemente ruidosas para nos fazer prestar atenção nelas. Então, qual a melhor maneira de ouvir a mensagem clara, irrefutável, convincente e catastrófica da voz em nossa cabeça:

Isso vai durar para sempre!

Alguma coisa terrível está acontecendo!

E associada a esse alarme está outra mensagem explosiva:

A menos que você faça alguma coisa!

Tem de ser alguma coisa na qual você preste atenção. A evolução não pode depender de sutileza ou de ambiguidade. Ela tem de passar uma mensagem clara, irrefutável, convincente e catastrófica. A mensagem poderia ser: "Você vai morrer se não sair daqui", "Sua raiva vai durar para sempre, a menos que você os derrote", "Este sentimento de contaminação vai durar para sempre, a menos que você lave isso completamente".

Vamos imaginar, no entanto, que o cérebro tenha evoluído para ser muito tranquilo, racional, razoável e calmo a respeito de tudo. Imagine que nossos ancestrais fossem *Homo sapiens zen*, atravessando a savana, observando os leões a distância. Tão calmos, tão serenos. Imagine que, cada vez que um alarme de perigo soasse, eles simplesmente relaxassem, dessem um passo atrás para dentro do seu casco de tartaruga mental e ponderassem: "Isso também vai passar". Imagine que eles nunca tratassem um alarme como assustador, que ficassem calmos, não tivessem suores frios e indigestão. Mas também poderiam ser comidos pelo leão, mortos por estranhos ou se afogar no lago.

"Seguro morreu de velho" é a melhor estratégia quando sua vida está em jogo. A única desvantagem do medo, da tristeza e da raiva intensos seria o sofrimento cotidiano do custo da sobrevivência. Afinal de contas, você pode estar estressado, ansioso e neurótico e ainda assim se reproduzir e criar alguns filhos neuróticos. Você pode ser "neurótico", mas sobreviver. Ser feliz não garante a sobrevivência, mas ter medo, sim.

O *software* em nossos cérebros tem um viés de alarme falso que diz que esses sentimentos, sensações, pensamentos e emoções vão durar muito, *a menos que você tome uma atitude imediatamente*. Nossas emoções são como as bolhas em uma bebida gaseificada que acabam se dissipando. Mas não é assim que as experimentamos. Achamos que nossas emoções vão durar indefinidamente. Mas elas não duram.

SOMOS BONS EM PREVER NOSSAS EMOÇÕES?

Os psicólogos se interessaram em saber como prevemos nossas emoções. Isso é chamado de *estimativa do afeto*, que é uma maneira sofisticada de dizer "prevendo as emoções". Por exemplo, se você pergunta às pessoas: "Durante quanto tempo você acha que vai se sentir feliz se ganhar na loteria, se casar, for promovido ou comprar aquela casa nova que sempre desejou?", elas geralmente irão prever que as emoções positivas vão durar muito tempo. Isso também é verdadeiro quando perguntamos: "Por quanto tempo você acha que será infeliz se perder o emprego, se divorciar, tiver um revés financeiro ou mesmo perder um membro?". As pessoas respondem: "Por muito tempo". A maioria das pessoas acredita que as emoções são *duráveis* – ou seja, depois que uma emoção intensa é ativada, acreditamos que ela veio para ficar.

Mas pesquisas mostram que o oposto é verdadeiro. Quando ocorre alguma coisa que achamos ser positiva, a tendência é nos sentirmos bem por algum tempo, mas então os sentimentos positivos acabam retornando ao que eram antes do acontecimento (Gilbert, 1998; Wilson & Gilbert, 2003). Por exemplo, digamos que você compre a sua primeira casa, maior do que o apartamento que tinha, e se sinta muito animado. Depois de um ano ou mais, você já se acostumou à casa, a vê como algo natural, e ela já não parece mais tão empolgante. Além disso, agora tem de pagar as prestações, a manutenção e os impostos, o que diminui seu prazer. Acabamos nos acostumando ao que é bom e ao que é ruim. Mesmo as pessoas que ganham na loteria acabam voltando ao seu nível anterior de felicidade. E aquelas que acreditam em uma solução geográfica para o seu problema – mudar da congelante Minnesota para a ensolarada Califórnia, por exemplo – acabam regredindo ao modo como se sentiam quando viviam em Minnesota (Lyubomirsky, 2011).

Da mesma forma, quando alguma coisa negativa acontece, nos sentimos mal por algum tempo, mas depois retornamos ao ponto onde estávamos antes do acontecimento. Por exemplo, se você se divorcia, pode se sentir solitário, triste e ressentido por algum tempo e pensar em como sua vida mudou para pior. Mas, depois de um período, esses sentimentos negativos mudam. Você não tem mais aquelas discussões com seu ex-cônjuge, não está mais preocupado com o processo de divórcio e pode já ter encontrado satisfação em suas amizades ou em um novo relacionamento íntimo.

Em vez de termos sentimentos *duráveis*, eles geralmente são *temporários*. Temos a tendência a passar por experiências e superá-las, e nossas emoções intensas se dissipam com o tempo. Mas não é assim que parece quando estamos nos sentindo ansiosos, tristes ou solitários.

O QUE ACONTECE QUANDO PENSO QUE MINHAS EMOÇÕES VÃO DURAR PARA SEMPRE?

A crença na durabilidade ou na permanência da emoção tem um efeito significativo sobre como nos sentimos, pensamos ou agimos. Nossa pesquisa mostra que essa crença é o melhor preditor de depressão. Em outras palavras, se você acha que os sentimentos negativos vão durar indefinidamente, então é provável que fique deprimido e ansioso (Leahy, Tirch, & Melwani, 2012).

Mas e se você tratasse sua emoção atual como temporária? Se não acreditar na durabilidade das emoções negativas, poderá procurar um comportamento adaptativo. Por exemplo, pode buscar ações positivas, como fazer contato com os amigos, exercitar-se, dedicar-se ao voluntariado ou questionar seus pensamentos. Alguns de nós acreditamos que nossas habilidades são fixas – assim como alguns acreditam que nossas emoções são fixas e imutáveis. Carol Dweck (2006), psicóloga de Stanford, descreve essa visão da "capacidade" como fixa em contraposição à ideia de crescimento, indicando que as capacidades podem mudar e melhorar. Igualmente, você pode acreditar que sua capacidade de ter uma emoção positiva pode crescer, mudar e estar sob controle. Essas crenças sobre as emoções levam a outras emoções – seja esperança (crescimento), seja desesperança (fixas).

Você acha que suas emoções são fixas ou acha que podem mudar? Dê alguns exemplos de quando achou que uma emoção duraria um longo tempo.

Qual é a consequência quando você pensa que sua emoção negativa atual vai durar indefinidamente? O que você pensa, sente e faz?

Quando acreditamos que os sentimentos desconfortáveis vão durar para sempre, tendemos, antes de tudo, a querer evitá-los. Roger, um cliente que vinha tendo dificuldades com transtorno obsessivo-compulsivo, tinha temor mórbido de contaminação ao tocar os objetos em seu apartamento. Mesmo conseguindo entender que o medo de contaminação era irracional, que era improvável que ele ficasse mortalmente doente, ainda assim evitava tocar os objetos porque temia que sua ansiedade relativa a doença durasse indefinidamente. Pedi que Roger previsse exatamente o que aconteceria se tocasse os objetos. Ele previu que fazer o trabalho de exposição (tocar os objetos) levaria a uma escalada de ansiedade tão devastadora que não seria capaz de trabalhar por vários dias. Perguntei a ele se já havia precisado faltar ao trabalho ao tentar expor-se no passado. Ele disse: "Nunca tentei fazer exposição antes".

Como é a exposição? Simplesmente significa testar o comportamento que você evita. Por exemplo, você já teve a experiência de estar na beira da praia e ficar com muito medo de que a água fria o alcançasse? Você vê 50 pessoas – muitas delas crianças – brincando na água. Faz mais de 30 graus lá fora, e nadar no oceano seria ótimo, mas sua preocupação é que, se entrar no mar, ele estará incrivelmente frio e você vai ficar congelado o tempo todo que estiver na água. Você finalmente decide: "OK, vou tentar". Nos primeiros minutos sente o frio, mas, quando nada e pula as ondas, começa a se sentir mais confortável. Esta é a exposição – testar as águas (o trocadilho é intencional!) do seu medo. Efetivamente, a duração do desconforto foi curta – mas o sentimento de prazer dura muito mais tempo.

Examine o exercício "O que eu evito por achar que minhas emoções vão durar indefinidamente" e liste alguns dos comportamentos e situações que você tem evitado. Por exemplo, você pode evitar exercícios porque acredita que o desconforto vai durar muito tempo ou pode evitar ver os amigos porque acha que sua ansiedade vai durar o tempo todo que estiver com eles.

Na segunda coluna, liste os pensamentos e sentimentos negativos que tem como resultado de sua evitação. Eles podem incluir pensamentos de que está indefeso, de que não consegue fazer nada ou de que é diferente de todos os outros. Você pode listar sentimentos de derrota, desesperança, tristeza ou raiva em relação a si mesmo. Na terceira coluna, liste exemplos de acontecimentos ou comportamentos que você não evitou (embora estivesse ansioso) e o que realmente aconteceu. Seus sentimentos negativos duraram indefinidamente?

O que Eu Evito por Achar que Minhas Emoções Vão Durar Indefinidamente

Comportamentos e situações que evito	Pensamentos e sentimentos negativos que resultam da evitação	Comportamentos e situações que não evitei – e o que aconteceu

MINHAS EMOÇÕES VÃO MUDAR?

Certa vez tive uma cliente cuja filha tinha altos e baixos graves. A mãe estava chateada porque sua filha estava chateada. Indiquei que era possível ver que ela tinha muita empatia, compaixão e preocupação com a filha, mas também perguntei se conseguia imaginar que sua filha pudesse sentir algumas emoções positivas ao fim do dia ou no dia seguinte. Ela sorriu e disse: "Sim, já vi isso acontecer muitas vezes. Ela chora, e então mais tarde naquela noite nos falamos e ela me diz que se divertiu com a amiga". As intensas emoções negativas da filha eram fluidas – mudando de hora a hora.

Podemos descobrir se isso também vale para você. Durante a próxima semana, convido-o a notar quais emoções mudam e quais permanecem as mesmas. Use o exercício "Como minhas emoções mudam" para monitorar as emoções negativas que o preocupam, juntamente com sua intensidade, a cada hora da semana. Mas, antes de fazer isso, reserve um momento para prever o que acha que pode descobrir sobre suas emoções.

O que você acha que vai descobrir se monitorar suas emoções durante uma semana? Você só vai ver emoções negativas a cada hora? Ou vai descobrir uma gama de emoções positivas, neutras e negativas?

_____

_____

_____

_____

_____

Vamos dar uma olhada em como Judy preencheu o exercício. Judy, que estava abalada pelo rompimento com Mark, monitorou suas emoções durante uma semana inteira. Tinha a preocupação de que sua solidão, tristeza e desesperança persistiriam com grande intensidade. Mas descobriu que a solidão se reduzia a 0 quando estava conversando com uma amiga e que a tristeza se reduzia a 3 quando ia a um museu. Ela monitorou os sentimentos positivos e descobriu que tinha sentimentos de curiosidade, proximidade com os amigos e apreciação por uma obra de arte. Notou que os sentimentos de desesperança eram menores depois que se exercitava na academia. Quando estava no trabalho, as emoções negativas de solidão, tristeza e desesperança eram muito menores. Sua tristeza não era fixa e mudava no curso de algumas horas – a cada dia. Judy não só era especialmente ruim em prever suas emoções como também tinha a tendência a prever apenas emoções negativas.

É possível que você seja como Judy? Se suas emoções mudam com o tempo, com as situações e com as atividades, então seu senso de medida de permanência pode estar desligado. Vamos descobrir isso acompanhando suas emoções. Escolha uma ou mais emoções nas quais deseja focar. Por exemplo, se a sua principal preocupação é sentir-se triste, escreva "tristeza" no alto da tabela. Depois avalie a intensidade atual dessa emoção de 0 a 10, em que 0 é nenhuma e 10 é grave. Então monitore essa emoção e sua intensidade de 0 a 10 a cada hora da semana. Quando estiver alta (7 ou mais), escreva o que você está fazendo na segunda tabela. Se tiver uma emoção positiva acima de 5, também registre isso na tabela. Por exemplo, se você se sentir "interessado" em alguma coisa no nível 5 às 3h da tarde de segunda-feira, escreva "interessado 5".

Recomendo que você monitore mais de uma emoção fazendo uma cópia do exercício ou fazendo seu *download* no *link* do livro em www.loja.grupoa.com.br. Quando conseguir ver que as emoções graves acabam diminuindo, será capaz de ter menos medo e ansiedade – e de fazer escolhas mais úteis. Vamos ver se a intensidade de suas emoções muda no curso de um dia ou de uma semana.

Como Minhas Emoções Mudam

Emoções que me preocupam: _____ Avaliação: _____

	Segunda--feira	Terça--feira	Quarta--feira	Quinta--feira	Sexta--feira	Sábado	Domingo
7-9h							
9-11h							
11-13h							
13-15h							
15-17h							
17-19h							
19-21h							
21-23h							
23-1h							
1-3h							
3-7h							

	Emoções negativas (7 ou mais) e o que eu estava fazendo	Emoções positivas (5 ou mais) e o que eu estava fazendo
Segunda-feira		
Terça-feira		
Quarta-feira		
Quinta-feira		
Sexta-feira		
Sábado		
Domingo		

Quando examina como suas emoções mudam, você nota algum padrão? Você se sente pior quando está sozinho ou quando está com outras pessoas? Sente-se pior quando rumina e persiste em seus sentimentos ou quando se isola e fica passivo? Sente-se melhor quando se engaja em comportamento que o deixa animado e ativo? Ou quando está engajado em trabalho produtivo?

Ouvindo seu *self* passado e futuro

Se você está passando por momentos difíceis atualmente – talvez se sentindo solitário, rejeitado ou triste –, poderá acreditar que esta é a única parte de você que existe: o *self presente*. Mas a realidade é que você é toda uma série de diferentes *selves* ao longo do tempo.

Vamos supor por um momento que você tenha 28 anos. Agora, vamos entrar em uma máquina do tempo que volta até seus 5, 10, 15, 20 e 25 anos e o último ano. Qual era a gama de sentimentos – positivos e negativos – que você tinha nessas diferentes idades? O que fazia quando tinha emoções positivas? O que o interessava? O que o afastava? Agora, enquanto viaja de volta àqueles diferentes *selves* de anos passados, alguma emoção realmente se manteve permanente? Havia flexibilidade em como você experimentava a vida?

No exercício a seguir, lembre-se de suas memórias positivas. Volte 1, 5 e 10 anos e vá até sua infância. Na coluna do meio, descreva as emoções e experiências positivas que seus *selves* passados experimentaram. Na terceira coluna, descreva o que estava acontecendo em sua vida, o que você sentia e o que pensava.

Ouvindo Meus *Selves* Passados

Selves passados	Experiências e emoções positivas de *selves* passados	O que eu pensei e senti
1 ano atrás		
5 anos atrás		
10 anos atrás		
Quando criança		

Qual é a sensação agora de pensar sobre a variedade de selves *e experiências que você teve no curso da sua vida?*

_____

_____

_____

_____

_____

Agora, volte para a máquina do tempo. Quero que você se imagine daqui a 5, 10, 20 e 30 anos. Esses *selves* futuros olham para trás no momento presente e falam com você. Pense em como você quer que se pareça esse *self* futuro. Vamos imaginar que seu *self* futuro também seja seu *self* sábio. (É possível que seu *self* futuro também possa ser um *self* impulsivo.) O *self* sábio pode levar em consideração todos os altos e baixos da sua vida. O *self* sábio sabe o que é melhor para você no longo prazo. Ele é mais racional, mais em sintonia com seus valores, mais no controle.

Quando Judy imaginou seu *self* sábio futuro daqui a 5 anos, ela disse: "Não fique tão obcecada pelo rompimento com Mark. Ele não foi correto com você, não foi capaz de entendê-la e aceitá-la. Sejam quais forem os sentimentos que você tem em relação a ele, aqui onde estou, no futuro, você não vai nem mesmo pensar nele. Precisamos construir uma Judy mais forte que não precisa dele para se sentir bem consigo mesma. Você pode começar isso hoje".

Agora é a sua vez. Faça uma projeção dos seus *selves* futuros daqui a 1, 5 e 10 anos. Procure focar em algumas possibilidades positivas para eles. Imagine-os sentindo-se calmos, satisfeitos, conectados e cuidadosos com você. Na coluna do meio, descreva algumas das experiências e emoções positivas que seus *selves* futuros poderiam experimentar. Na terceira coluna, descreva o que poderia estar acontecendo em sua vida, o que você sentiria e o que pensaria. Como seus *selves* futuros o aconselhariam em relação aos seus sentimentos e pensamentos atuais? Você consegue imaginar as mensagens tranquilizadoras, calmantes e compassivas que eles compartilhariam com você? Faça um registro delas.

Ouvindo Seus *Selves* Futuros

Selves futuros	Experiências e emoções positivas de *selves* futuros	O que eu pensaria e sentiria
Daqui a 1 ano		
Daqui a 5 anos		
Daqui a 10 anos		
Daqui a 20 anos		

Como é agora pensar sobre a variedade de selves *e experiências que você teria durante o curso da sua vida futura?*

_____

_____

_____

_____

_____

Nosso *self* futuro pode experimentar uma ampla gama de emoções positivas, neutras ou negativas. Na verdade não sabemos realmente quais serão essas experiências. Mas o que sabemos é que nosso *self* futuro terá uma gama de emoções e que tudo que você sente agora pode mudar.

O QUE PODERIA AJUDÁ-LO A LIDAR COM AS SITUAÇÕES NO FUTURO?

Uma razão para acreditarmos na durabilidade de nossas emoções é que tendemos a focar em como nos sentimos no momento atual. Isso é denominado *ancoragem*. É como se nossa ansiedade ou tristeza fosse uma âncora que nos arrastasse até o fundo e impedisse que nos imaginássemos avançando em uma direção diferente. Por exemplo, vamos imaginar que você esteja se sentindo profundamente triste no momento. Talvez você se sinta triste a maior parte do tempo nos últimos dois dias. Neste momento sua tristeza parece insuportável. Você começa a pensar sobre o próximo mês, o próximo ano, o resto de sua vida. E agora você pensa: "Vou viver uma vida cheia de solidão e tristeza".

No próximo exercício, você vai investigar quanto tempo suas emoções realmente duram. Faça uma cópia do exercício (ou imprima uma partir do *link* do livro em www.loja.grupoa.com.br) para que possa avaliá-las várias vezes durante a próxima semana. Na primeira coluna, avalie a intensidade da emoção que você sente neste momento, de 0 a 10, em que 0 é nenhuma e 10 é grave. Na coluna do meio, anote quanto tempo você acha que a intensidade irá durar nesse nível – esta é a sua *previsão*. Por exemplo, você pode responder 30 minutos, algumas horas, um dia, uma semana ou para sempre. Na terceira coluna, revisite o exercício um dia ou uma semana depois e indique quanto tempo aquele nível de intensidade realmente durou.

Quanto Tempo Este Sentimento Vai Durar?

Emoção desagradável atual e sua intensidade	Data e hora da emoção	Quanto tempo acho que vai durar?	Resultado real
Raiva			
Ansiedade			
Tristeza			
Desamparo			
Desesperança			
Solidão			
Outra:			
Outra:			
Outra:			

Quando Judy preencheu esse exercício, focava no rompimento recente com Mark. Ela tinha uma variedade de emoções negativas: raiva (8), ansiedade (8), tristeza (9), desamparo (9), solidão (9) e desespero (9). Previu que os sentimentos de desespero e solidão durariam meses – talvez anos. Parecia não haver uma saída. Mas, quando monitorou os sentimentos reais durante a semana seguinte, ela percebeu que cada um desses sentimentos mudava para menos intenso.

Com frequência nos esquecemos de que nossas emoções negativas passadas pareceram intensas inicialmente, mas por fim se dissiparam com o tempo. Por exemplo, senti muita raiva por alguma coisa que um colega fez vários anos atrás. Minha raiva era 9. Levei as coisas muito para o lado pessoal, nomeando-as negativamente, e não conseguia me imaginar não tendo sentimentos de raiva em relação a ele. No entanto, retrospectivamente, esses sentimentos no nível intenso duravam 30 a 60 minutos por vez, até que me voltei para outras coisas não relacionadas a ele. Meus sentimentos diminuíram com o tempo à medida que percebi que não era uma coisa pessoal, que havia outros objetivos positivos para mim e que o comportamento dele era irrelevante para minha felicidade atual e futura. A questão é que meus sentimentos intensos mudaram.

No próximo exercício, "O que aconteceu com minhas emoções no passado?", descreva algumas situações que o levaram a ter emoções negativas intensas. Na segunda coluna, liste aquelas que se mostraram mais intensas e avalie-as de 0 a 10, sendo 0 nenhuma e 10 grave. Essas emoções podem ser as mesmas do exercício anterior. Na terceira coluna, descreva quanto tempo elas duraram nesse nível de intensidade. Na quarta coluna, indique as razões pelas quais elas mudaram.

O que Aconteceu com Minhas Emoções no Passado?

Situação que experimentei	Emoções passadas desagradáveis e seu nível de intensidade (0-10)	Quanto tempo duraram?	Por que minhas emoções mudaram?

O que você conclui sobre suas emoções intensas passadas?

_____

_____

_____

_____

_____

Pontos Principais

♦ Quando você acha que as emoções duram indefinidamente, sente-se desamparado, sem esperança, deprimido e mais ansioso.

♦ Sua crença na permanência das emoções o leva a evitar experiências que poderiam ajudá-lo a lidar melhor com as coisas.

♦ Tendemos a fazer previsões exageradas sobre o quanto nossas emoções são intensas e permanentes.

♦ A evolução desenvolveu essa tendência de fazermos previsões exageradas para nos ajudar a escapar do perigo. Mas não enfrentamos mais os mesmos perigos que nossos ancestrais enfrentaram.

♦ Entre na máquina do tempo e viaje ao passado e ao futuro para observar como suas emoções mudam.

♦ Reflita sobre suas emoções no passado e por que elas mudaram.

♦ Reflita sobre seu *self* futuro. Que conselho esse *self* lhe daria agora sobre a forma como você se sente?

♦ O que o ajudaria a lidar melhor com isso no futuro?

CAPÍTULO 6

Sinto culpa por meus sentimentos

Embora todos nós tenhamos muitas emoções difíceis, podemos achar que *não deve-ríamos sentir* o que sentimos. Podemos nos sentir culpados por nossas fantasias se-xuais, envergonhados por sentimentos de inveja de alguém que está se saindo melhor do que nós, culpados por nossa raiva em relação a nossos pais e amigos ou enver-gonhados por estarmos tristes, achando que não temos direito a estar deprimidos. Esses sentimentos de vergonha e culpa acrescentam um fardo pesado às emoções que já temos.

Por exemplo, Simon me contou sobre um homem com quem fez faculdade e que es-tava se saindo muito melhor do que ele profissionalmente.

"Sei que eu não deveria me sentir assim", confessou Simon, "mas realmente não pos-so suportar quando ouço falar do sucesso de Ken. Ouvi na semana passada que ele está se divorciando e tenho que admitir que me senti bem com isso. Não gosto do fato de que ele seja mais feliz e mais bem-sucedido do que eu".

Simon admitiu que estava com inveja de Ken, mas também se sentia culpado por isso. Perguntei: "Por que você se sente culpado por ter inveja?". Simon olhou para mim como se eu fosse de outro planeta. "Você não pode se sentir bem porque outra pessoa está tendo um problema. Você não deveria ter inveja de outra pessoa. Isso não é uma coisa boa de sentir."

Junto com os sentimentos de culpa – em que achamos que estamos violando nossos padrões relativos ao que deveríamos sentir e pensar – também temos sentimentos de vergonha por causa de nossos sentimentos. Sentimos vergonha quando pensamos que outras pessoas pensariam mal de nós. Por exemplo, as pessoas com frequência se sen-tem envergonhadas por suas fantasias sexuais. Eduardo estava em um relacionamento íntimo com Caroline e gostava de fazer sexo com ela. Eles conseguiam se comunicar bem, gostavam dos diferentes restaurantes étnicos em seu bairro e ficavam acordados até tarde conversando sobre quase todos os assuntos. Caroline contou a Eduardo algumas de suas experiências sexuais passadas com outros homens, e ele notou que estava ficando excitado. Achou excitante tanto Caroline quanto o homem que ele imaginou e, então, começou a fantasiar relações sexuais com ele enquanto fazia sexo com Caroline. Como sempre se considerou heterossexual, Eduardo começou a se preocupar com essas fantasias. Sentiu-se envergonhado desses sentimentos e teve medo de que Caroline os descobrisse.

MITOS FAMILIARES SOBRE AS EMOÇÕES: VOCÊ NÃO DEVERIA SE SENTIR ASSIM!

Muitos de nossos pensamentos relativos a culpa e vergonha sobre as emoções foram aprendidos enquanto crescíamos. Pense em quando você era criança. Quais emoções lhe disseram que não eram corretas? Não era certo sentir raiva? Você aprendeu que ansiedade e tristeza eram sinais de fraqueza? Era humilhado quando chorava? Aprendeu que determinados desejos e fantasias sexuais eram ruins? Ensinaram a você que ter certas emoções e expressá-las – por exemplo, chorar – era infantil, coisa de fraco, irritante ou manipulação? Quais foram as "mensagens sobre as emoções" que você aprendeu com seus pais, professores, irmãos e amigos?

A história de Keith

Outro cliente meu, Keith, jogou futebol americano até que sua carreira foi encerrada abruptamente. De repente – sem razão aparente – ele não conseguia ficar em pé, andar ou correr muito bem. Nenhuma lesão foi revelada nos exames. Keith era um homem grande, fisicamente bem constituído, mas tinha uma conduta silenciosa e falava com voz suave. Era cristão devotado, orava diariamente e morava com a mãe, uma pessoa muito controladora e crítica. Em seu apartamento, eles assistiam a programas de televisão de "bons valores".

Enquanto conversava comigo, ele disse: "Acho que é melhor me deitar no chão porque me sinto mais confortável assim". Então se estendeu no chão em meu consultório e continuou a falar sobre seu desejo de se livrar de toda sua raiva. "Minha raiva é ruim – é uma raiva impura." Keith acreditava que pensamentos e sentimentos de raiva e ressentimento eram ruins e que precisava eliminá-los completamente. Certo dia, deitado no chão, descreveu como se sentia ressentido por sua mãe pegar no seu pé. Ele claramente sentia raiva dela, mas dizia: "Eu sei que ela está tentando ser útil".

Encorajei Keith a falar mais sobre sua raiva. Enquanto fazia isso, ele se ergueu do chão, e pude ver a força física em seus braços e ombros. Sua voz ficou mais alta – não em excesso –, e não mais aquele cochicho que algumas vezes era quase inaudível. Eu disse: "Notei que quando fala de sua raiva sobre sua mãe você parece fisicamente mais forte e que se ergueu. Por que isso?". Ele então rapidamente se deitou, e eu perguntei por que estava se deitando novamente. "Tenho medo de minha raiva. Eu não deveria me sentir assim. É uma raiva impura."

As mensagens sobre emoções que recebemos dos adultos quando crianças também podem ter incluído rótulos – éramos rotulados pelas emoções que demonstrávamos. Alguns dos seguintes rótulos lhe parecem familiares?

- ☐ Se você chora, então é fraco.
- ☐ Se você tem medo, então é covarde.
- ☐ Se você está triste, então é egoísta.
- ☐ Você não deveria estar chateado, pois está em melhores condições do que outras crianças.
- ☐ Você está me incomodando com seu choro.
- ☐ Outras crianças conseguem lidar com isso, por que você não consegue?
- ☐ Supere.
- ☐ Cresça.
- ☐ Pare de me incomodar com isso.
- ☐ Você não vê que eu tenho meus próprios problemas?
- ☐ Você não está sendo razoável.
- ☐ Você fica se repetindo.
- ☐ Não suporto ouvir você falando isso.

Algumas vezes os pais e amigos acham que estão dando apoio quando dizem:

Não se preocupe, tudo vai dar certo.

Você vai superar.

Isso não é um grande problema.

Tire isso da cabeça.

Outras pessoas já passaram por situações piores.

O problema com esses comentários "de apoio" é que eles invalidam e parecem depreciar seus sentimentos. Eles podem fazer você acreditar que suas emoções não são importantes para as outras pessoas – que você deve logo se sentir melhor porque os outros lhe dizem que está tudo bem. Embora os pais e amigos possam ser bem--intencionados, é importante que você sinta que os outros não só se importam com seus sentimentos, mas que têm tempo e interesse, deixando-o compartilhar esses sentimentos com eles.

Que mensagens fizeram você se sentir envergonhado ou culpado por seus sentimentos?

_____

_____

_____

Que mensagens fizeram você sentir que os outros tinham pouco interesse em seus sentimentos?

_____

_____

_____

Que mensagens "de apoio" recebidas dos pais ou amigos são as que menos ajudam quando você está aborrecido?

_____

_____

_____

De que emoções ou desejos você se sente envergonhado ou culpado?

_____

_____

_____

A história de Wanda

Wanda conseguia tolerar algumas emoções muito bem, mas não outras. Tinha um bom emprego, uma filha pequena e um marido amoroso, mas se sentia culpada por estar triste e deprimida. Quando veio me ver, perguntei-lhe: "Por que você se sente culpada por estar deprimida?".

"Porque tenho tudo o que sempre quis", ela respondeu. "Outras pessoas estão em situação pior do que a minha, mas sou eu que estou deprimida. Acho que sou muito egoísta."

"Você está pensando que a depressão é uma escolha e que de alguma forma é uma pessoa egoísta por se sentir triste."

"Sim, acho que sim."

Mencionei para Wanda que poderia haver inúmeras razões para a sua depressão. Ela compartilhou que seu pai bebia muito e que provavelmente era depressivo. E também que ele não gostava de falar sobre sentimentos. Sua mãe estava sempre preocupada, mas tentava manter isso para si. Um dos seus tios havia sido hospitalizado com depressão. Com seus pais em dificuldades e talvez alguns problemas psicológicos ocorrendo na família, questionei se parte de sua depressão poderia ser genética.

"Acho que é possível", disse Wanda. "Sim. Mas tenho todas essas outras coisas boas na minha vida."

"Você disse que em sua família as pessoas não falavam sobre sentimentos negativos."

"Bem, a ideia era que tínhamos uma vida boa – isto é, nós tínhamos dinheiro –, e você tinha que mostrar a todos o quanto as coisas eram boas. Nós tínhamos que parecer estar bem."

"Então não havia lugar para tristeza, ansiedade ou solidão?"

"Você tinha que guardar esses sentimentos para si."

"Você acha que aprendeu a se sentir envergonhada ou culpada em relação a essas emoções?"

"Pensando bem, isso é exatamente o que aconteceu."

"E agora está acontecendo de novo. Você está se culpando por sua depressão. Já é muito difícil estar deprimida, mas ainda mais difícil é se sentir deprimida por estar deprimida."

Wanda se sentia culpada por sua tristeza porque achava que tinha uma vida boa e não tinha direito à tristeza. Também sentia vergonha porque achava que os outros pensariam que ela era mimada e não valorizava o que tinha. Esses sentimentos de culpa e vergonha se somaram à tristeza e ao sentimento de que não era merecedora – deixando-a mais deprimida.

Podemos temer que os outros nos julguem por nossos sentimentos e também podemos achar que nossos sentimentos são moralmente errados. Levando em conta essa forma de pensar, considere como seus sentimentos, fantasias ou desejos foram impactados por isso. Por exemplo, digamos que sinta inveja de alguém que esteja se saindo melhor que você. Talvez ache que a vantagem dessa pessoa é injusta. Sua inveja envolve outras emoções – como ansiedade, tristeza e mesmo raiva. OK. Então você tem todas essas emoções difíceis. Mas depois tem muitos outros pensamentos sobre sua inveja: "Só uma pessoa mesquinha e má é invejosa" e "Se as pessoas soubessem que eu sou invejoso pensariam mal de mim". Então agora se sente culpado e envergonhado por sua inveja, e isso o deixa ainda mais ansioso e deprimido.

Dê uma olhada no diagrama "Pensamentos e sentimentos sobre inveja". Ele ilustra como você pode ter uma emoção difícil – inveja – e então ter pensamentos negativos sobre si mesmo por sentir essa emoção. Estas são suas *emoções sobre a emoção* – e, nesse caso, isso lhe dificulta tolerar seus sentimentos.

Pensamentos e Sentimentos Sobre Inveja

Temos muitas emoções que achamos desagradáveis às vezes. No exercício a seguir, indique se alguma das emoções listadas deixa você culpado ou envergonhado. Depois, na terceira coluna, indique por que se sente assim.

Emoções Sobre as Quais Me Sinto Culpado ou Envergonhado

Emoção	Sim/não	Por que me sinto culpado ou envergonhado
Raiva		
Tristeza		
Ansiedade		
Medo (fobia)		
Solidão		
Desamparo		
Desesperança		
Ciúmes		
Inveja		
Tédio		
Falta de interesse		

Desejo sexual		
Estresse		
Frustração		
Confusão		
Ambivalência		
Outra:		
Outra:		
Outra:		

POR QUE VOCÊ NÃO DEVERIA TER ESSES SENTIMENTOS?

Com frequência achamos que existem emoções boas e ruins. Por exemplo, algumas pessoas acham que felicidade é uma emoção boa e que ciúme é ruim. É como se uma emoção fosse falha moral: "Eu sou ciumento, esta é uma emoção ruim, portanto sou uma pessoa ruim". Mas não pensaríamos a mesma coisa sobre a asma: "Eu tenho asma, asma é uma coisa ruim, portanto eu sou ruim".

Também podemos confundir a emoção com os comportamentos problemáticos que algumas vezes a acompanham. Por exemplo, Linda achava que ciúme era uma emoção ruim e, então, equacionava o ciúme com a ideia de que começaria a repreender e agredir o namorado. Mas ela nunca o agrediu.

Ter um sentimento (p. ex., raiva) não é o mesmo que agir de acordo com ele (p. ex., ser hostil). Costumamos responsabilizar as pessoas por suas ações – por exemplo, seu comportamento hostil –, mas não por suas emoções internas. Na verdade, fazer uma escolha – de fato, fazer uma escolha moral – envolveria reconhecer que você tem o desejo de realizar a ação, mas você *escolhe não fazer isso*. Por exemplo, você pode reconhecer que tem o desejo de atacar alguém verbalmente (um comportamento), mas escolhe não realizar a ação. Você resistiu ao impulso.

QUAIS SÃO AS CONSEQUÊNCIAS DA CULPA E DA VERGONHA EM RELAÇÃO À EMOÇÃO?

Você se sente pior. E a razão de se sentir pior é que adiciona culpa e vergonha à inveja, que já envolve ansiedade, tristeza e raiva. Quando se critica por sua emoção, você começa a focar a atenção nela – "Estou com inveja de novo" – e, então, persiste ou rumina sobre a emoção – "O que há de errado comigo para me sentir assim?". Quando se sente envergonhado em relação à emoção, você esconde esses sentimentos das outras pessoas. Isso o leva a pensar: "Devo ser a única pessoa que se sente assim". Isso se soma ao senso de humilhação, vergonha e culpa, e você começa a se questionar ainda mais: "Por que eu tenho esses sentimentos?".

À medida que você abriga sentimentos de inveja e rumina sobre eles, fica mais deprimido e com mais dúvidas sobre o seu direito a ter tais sentimentos. Então começa a pensar que ninguém consegue entendê-lo, já que é diferente de todos. Você pode dizer a si mesmo: "Estes são sentimentos ruins" e, então, começa a observar para ver se tem outros sentimentos ruins. Você começa a focar excessivamente nos sentimentos ruins e conclui que está repleto deles e que há muito pouco além deles.

Pense em algumas emoções que teve no passado: raiva, ressentimento, inveja, ciúme, desesperança. Houve vezes em que não agiu segundo essas emoções? Por que você não age de acordo com elas?

Existe alguma regra moral que diz que você não deveria ter esses sentimentos? Qual é a regra e de onde se origina?

Ter uma emoção não é uma escolha – é uma experiência. É como indigestão. Como ter uma experiência pode ser imoral?

E se você pensasse nas emoções como simplesmente um evento mental em vez de uma escolha imoral? E se a emoção for simplesmente um evento bioquímico em seu cérebro? Você se sentiria menos envergonhado e culpado?

Agora vamos experimentar outro exercício. Pense na emoção que o incomoda – uma sobre a qual se sente culpado ou envergonhado. Registre essa emoção na coluna da esquerda. Depois, na coluna do meio, circule o comportamento que você adota quando se sente culpado ou envergonhado por ter a emoção. Na coluna da direita, liste alguns exemplos desses comportamentos. Para praticar com outras emoções, faça uma cópia deste exercício ou faça o *download* no *link* do livro em www.loja.grupoa.com.br.

Consequências de Minha Culpa ou Vergonha

Emoção	O que eu penso ou faço	Exemplos
	Critico a mim mesmo.	
	Culpo outras pessoas.	
	Escondo meus sentimentos das pessoas.	
	Eu me isolo das pessoas.	
	Reduzo qualquer atividade positiva.	
	Rumino e persisto em meus sentimentos.	
	Eu me preocupo com o futuro.	

Como compulsivamente.	
Bebo álcool.	
Uso drogas.	
Tento me distrair.	
Busco reasseguramento com as pessoas.	
Eu me queixo a outras pessoas.	
Outro comportamento:	

O que você pensa sobre as consequências de se sentir culpado ou envergonhado? Elas aumentam sua infelicidade? Responda às perguntas a seguir para explorar mais esse tópico.

Quando se sente envergonhado ou culpado, você começa a focar mais nesses sentimentos ruins? Como você é afetado ao focar neles?

_____

_____

_____

_____

_____

É menos provável que você compartilhe os sentimentos com outras pessoas? Por quê?

_____

_____

_____

_____

_____

Se não compartilha os sentimentos, então você pensa que é completamente diferente das demais pessoas?

_____

_____

_____

_____

_____

Você rumina sobre as razões desses sentimentos e então se sente pior?

_____

_____

_____

_____

_____

Por que acha que suas emoções não são legítimas?

_____

_____

_____

_____

_____

Você pode sentir vergonha ou culpa por uma ampla gama de sentimentos, fantasias e desejos. Algumas pessoas sentem vergonha de suas fantasias sexuais. Outras sentem culpa por terem desejos de vingança. Muitos dos meus clientes acham que não têm direito de se sentir de determinada maneira. Eu lhes pergunto: "As pessoas têm direito de ter asma? Se depressão é uma doença como a asma, você não tem direito de ter uma doença?".

Podemos até mesmo perguntar o que significa dizer que uma emoção não é legítima. Por exemplo, não dizemos que asma, hipertensão ou indigestão sejam ilegítimas. Não dizemos: "Você não tem direito à indigestão". Isso porque não pensamos nos males físicos como questões morais, mas como experiências físicas. E se pensássemos na emoção como experiência física e com um senso de consciência dessa experiência: "Estou com raiva neste momento".

Realmente faz sentido questionar se uma emoção é legítima? Por que sim ou não?

_____

_____

_____

_____

Você pensaria que uma dor de cabeça não é legítima? Por quê?

_____

_____

_____

_____

Há boas razões para você sentir o que sente? Quais são elas?

_____

_____

_____

_____

E se aceitasse a emoção desagradável como uma experiência, em vez de se julgar por tê-la? O que seria diferente para você?

_____

_____

_____

_____

POR QUE VOCÊ JULGA SUAS EMOÇÕES?

Há tantas coisas sobre nós mesmos que não julgamos – ou pelo menos que não deveríamos julgar. Por exemplo, em geral não julgamos uma pessoa porque ela é canhota, mede sete centímetros a mais ou tem olhos castanhos. Por que precisamos julgar as emoções?

Pense no quanto será libertador se você deixar de julgar suas emoções e simplesmente passar a *observá-las e aceitá-las*. Em vez de pensar: "Devo ser uma má pessoa porque invejo o sucesso de meus amigos", você pode pensar: "Oh, posso ver que estou com inveja neste momento. Tenho esse sentimento algumas vezes". E pode ir ainda mais longe: "Quase todos sentem inveja às vezes".

Talvez você pense que se não julgar o sentimento perderá o controle. Sua teoria é a de que tem de se criticar por seus sentimentos ou então tomará uma atitude moralmente errada ou prejudicial de alguma maneira. Mas isso pode não ser verdade.

Por exemplo, vamos imaginar que você esteja negociando um aumento de salário com sua chefe. Você percebe que está com raiva porque ela parece teimosa. Você nota a raiva, mas, em vez de julgá-la como algo ruim ou se julgar como mau, você simplesmente reconhece que tem esse sentimento no momento. Quando reconhece o sentimento, você o aceita como um "fato". Pode dizer a si mesmo: "Noto que estou com raiva e devo me lembrar de que preciso me relacionar com minha chefe de forma profissional". Você reconhece que não há problema em ter raiva – e que pode ser assim que outras pessoas se sintam –, mas não deixa que ela guie suas ações. Pode aceitar o sentimento de raiva no momento sem agir de forma hostil.

Ou talvez você ache que, se não julgar a emoção e a si mesmo, estará se permitindo ser irresponsável. Afinal de contas, não diria a si mesmo: "Não há problema em roubar" ou "Não há problema em dar um soco em alguém". Mas ter uma atitude de não julgamento a respeito da emoção não significa dizer que não há problema em agir de forma irresponsável. É simplesmente ser honesto sobre como você se sente. Notar, observar, nomear e estar consciente da emoção, na verdade, o ajuda a ter mais controle, de modo que não prejudique outras pessoas ou a si mesmo com suas ações.

Para o próximo exercício, pense em suas emoções e no fato de se julgar por senti-las. Anote-as na coluna da esquerda. Na coluna do meio, circule as razões para se sentir culpado ou envergonhado de seus sentimentos. Na coluna da direita, escreva a explicação do sentido que isso faz hoje. Por exemplo, se você diz que a raiva é uma emoção ruim que nunca deve ter, porque é assim que foi criado, indique na coluna da direita se isso faz sentido ou não agora que é adulto. Com frequência temos outra visão das coisas à medida que amadurecemos e passamos por experiências diferentes.

Por que Preciso Julgar Minhas Emoções

Emoções que julgo negativamente	Razões para julgar minhas emoções	Explicação de como isso faz sentido ou não hoje
	Razões religiosas.	
	É assim que fui criado.	
	É assim que outras pessoas julgam essas emoções.	
	Para ter certeza de que estou fazendo a coisa certa.	
	Não tenho escolha.	
	Tenho a responsabilidade de julgar esses sentimentos.	
	Apenas pessoas más ou fracas têm esses sentimentos.	
	Outra:	
	Outra:	
	Outra:	

Se notar uma emoção sem se julgar, você vai realmente perder o controle de suas ações? Por que sim ou por que não?

Ser honesto sobre a forma como se sente pode ser o primeiro passo para evitar um comportamento problemático. Reconhecer um sentimento e aceitá-lo o ajuda a escolher não agir de acordo com ele?

Se todos têm emoções como essa, talvez isso torne você humano, não uma pessoa má. E se você pensasse nessas emoções como parte de ser humano? Como se sentiria?

SE OUTRA PESSOA TIVESSE ESSE SENTIMENTO, VOCÊ PENSARIA MAL DELA?

Frequentemente somos mais compreensivos com outras pessoas do que com nós mesmos. Por exemplo, Linda conseguia entender que não havia problema que seus amigos sentissem ciúme, mas era crítica consigo mesma por ter esse sentimento: "Eu consigo entender por que minha amiga Diane sente ciúme do namorado por ele flertar muito – acho que isso não quer dizer nada por si só. Mas sinto que meu ciúme está fora de controle. Eu me sinto muito ansiosa quando fico com ciúme".

O que deixa Linda preocupada é sua ansiedade – mas ela consegue aceitar que outras pessoas tenham esse sentimento. Ela tem um *duplo padrão*. Com frequência achamos que devemos nos colocar em um padrão mais elevado do que aquele que usamos para outras pessoas. Isso é obviamente injusto e só aumenta nossa culpa e vergonha.

Outro exemplo é o de Wanda, que me contou que sua amiga Sandy havia desistido do trabalho como advogada para cuidar dos filhos e apoiar o marido em sua ambiciosa carreira. Ela me disse que entendia por que a amiga se sentia triste, solitária, impotente, entediada e frustrada. De fato, Wanda apoiava muito Sandy. Ela lhe disse: "Você trabalhou muito para se tornar advogada e agora se sente isolada e não gratificada por ser apenas dona de casa. Entendo que isso pareça confuso, já que ama seus filhos e quer apoiar Dan. Mas você também tem uma vida própria para viver. Sei exatamente como se sente, já que tive os mesmos sentimentos".

Agora vejamos se você consegue identificar algumas emoções que tenha sentido – talvez culpa ou vergonha. Pergunte a si mesmo o que pensaria de outra pessoa que tivesse os mesmos sentimentos. No exercício a seguir, tente dar um exemplo de alguém que você conheça ou tenha conhecido. Descreva como se sente sobre essa pessoa e o que diria a ela.

O que Eu Pensaria de Outra Pessoa com Estes Sentimentos

Emoção	Pessoa que se sentiu assim, o que sinto sobre ela e o que eu lhe diria
Raiva	
Tristeza	
Ansiedade	
Medo (fobia)	
Solidão	
Desamparo	
Desesperança	
Ciúme	
Inveja	
Tédio	
Falta de interesse	

Desejo sexual	
Estresse	
Frustração	
Confusão	
Ambivalência	
Outra:	
Outra:	
Outra:	

Se você acha que não há problema que outra pessoa tenha os mesmos sentimentos que você tem, por que usa um padrão diferente para si mesmo?

_____

_____

_____

_____

_____

_____

ACEITE OS SENTIMENTOS: ELES SÃO SIMPLESMENTE SEUS SENTIMENTOS

Imagine que você eliminasse culpa e vergonha e simplesmente aceitasse a emoção sem julgá-la, nem a si mesmo. *Ela simplesmente é.* Você pode aceitar a emoção como uma experiência do momento. Não precisa se julgar. Formas úteis de responder à culpa e à vergonha incluem: você pode normalizar o fato de outras pessoas terem esses sentimentos, pode reconhecer que ter o sentimento não significa que age de acordo com ele e pode entender que ninguém é prejudicado.

Algumas vezes achamos que precisamos nos sentir culpados ou envergonhados por nossos sentimentos e pensamentos para evitarmos agir de acordo com eles. Isso confunde nossas experiências internas com nossos comportamentos. Todos os dias você pode ter um sentimento ou um pensamento sobre algo e escolher não agir segundo eles. Por exemplo, digamos que esteja tentando perder peso, e o cardápio de sobremesas lhe é apresentado em um restaurante. Você é louco por bolo de chocolate, mas pensa: "Eu posso gostar desse bolo, mas não preciso das calorias", então opta por não o pedir. Você desejou o bolo, mas fez a escolha de não agir segundo o desejo. Seus desejos, pensamentos e sentimentos são diferentes da escolha de agir.

Ao ser honesto consigo mesmo e admitir que tem um sentimento, você na verdade pode ter mais controle sobre o comportamento. Isso fica muito óbvio quando está de dieta. Você precisa reconhecer o desejo por alimentos com alto teor calórico para que simplesmente não aja segundo os impulsos. Você não quer ser surpreendido por seus desejos e apetites.

Quando Brenda tentou perder peso, antecipou o desejo por alimentos muito calóricos e escolheu não ter esse tipo alimento por perto; lembrou a si mesma de que não precisava ser controlada por seus desejos.

Você pode pensar: "Sentir-me culpado por meus desejos não me dá mais controle?". Ao contrário, vai lhe dar menos controle. Por exemplo, sentir-se culpado pela fome de bolo vai deixá-lo mais ansioso e deprimido, e isso aumenta a probabilidade de você comer em excesso. Você come bolo para acalmar a ansiedade e a culpa.

Em vez de se sentir culpado ou envergonhado por suas emoções, você pode praticar inúmeras técnicas que abordamos neste capítulo:

- Note a emoção.
- Nomeie a emoção.
- Aceite que a emoção está aqui neste momento.
- Entenda que outras pessoas têm os mesmos sentimentos.
- Reconheça que ter a emoção não é a mesma coisa que agir segundo ela.
- Demonstre alguma compaixão por si mesmo por ter dificuldades com os sentimentos.

Agora vamos experimentar mais um exercício sobre o tema. A seguir, liste as emoções que você acha difíceis. Elas podem incluir raiva, ciúme, ansiedade, tristeza ou desamparo. Agora, em vez de se sentir culpado ou envergonhado em relação à emoção, pense em como poderia aceitar esses sentimentos sem ser autocrítico.

E se Eu Não Me Sentisse Culpado ou Envergonhado?

Emoção	Formas úteis de pensar sobre minha emoção

Se você sentisse menos culpa ou vergonha por seus sentimentos, teria menos emoções sobre suas emoções?

Você consegue tomar decisões sobre o que fazer sem se sentir culpado em relação a seus sentimentos? Descreva.

_____

_____

_____

_____

_____

_____

Pontos Principais

◆ Aprendemos sobre nossas emoções com a família, os amigos e os companheiros. Pense sobre as mensagens e os mitos que você aprendeu.

◆ Algumas vezes aprendemos que é ruim ter certas emoções e, então, nos sentimos envergonhados e culpados pelos sentimentos.

◆ Sentimentos não são o mesmo que escolhas. Você pode sentir raiva sem agir de maneira hostil.

◆ Sentir-se culpado por uma emoção intensifica a emoção e nos deixa mais ansiosos.

CAPÍTULO 7

Minhas emoções estão fora de controle

Sim, coisas desagradáveis e injustas acontecem conosco, mas frequentemente as tornamos piores ou melhores, dependendo de como pensamos sobre elas. Se você pensa que alguma coisa é terrível – em vez de desagradável ou inconveniente –, então fica mais incomodado. Se pensa que todos devem gostar de você, então fica frustrado e se sente rejeitado com frequência. Se pensa que o futuro é sombrio, então se sente sem esperança. Cada vez que você fica incomodado com algo, por trás de sua emoção encontram-se pensamentos que alimentam os sentimentos. Os pensamentos são não apenas o combustível, mas também o mapa, e depende de você decidir pisar no acelerador e subir a ladeira. Você tem escolhas.

Se quiser ter mais controle sobre as emoções, pode ser útil considerar formas alternativas de pensar sobre o que aconteceu. Em cada um dos exemplos a seguir, é possível que seus sentimentos resultem de formas específicas de pensar. Mas sempre há outra forma de ver as coisas, e mudar o pensamento pode afetar drasticamente como você se sente.

A história de Larry

Quando Larry chegou à sessão, sua namorada, Anna, havia mandado uma mensagem de texto dizendo que estava rompendo com ele. O relacionamento teve altos e baixos desde o começo, alguns meses antes. Embora Larry tenha dito que sentia uma conexão especial com Anna, também disse que com frequência ela era crítica, pouco confiável e nada carinhosa. Quando recebeu a mensagem de texto dizendo adeus, ele se sentiu inundado por emoções.

Perguntei o que estava sentindo, e ele disse: "Estou com raiva. Ansioso. Confuso. E triste". Examinando mais atentamente os sentimentos, ele também disse que se sentia um pouco aliviado porque estava desembarcando de uma montanha-russa. À medida que a semana avançava, ele disse que sentia uma ansiedade esmagadora. Ponderei: "Quando você se sente ansioso, geralmente é sobre alguma coisa que está pensando. Tente terminar esta frase com os primeiros pensamentos que vierem à mente: Estou me sentindo ansioso porque penso que...".

"...jamais vou encontrar uma parceira."

"E se eu jamais encontrar uma parceira, isso me deixa ansioso porque penso que..."

"...eu nunca poderia ser feliz sem alguém para amar."

"E a razão por que acho que jamais encontraria uma parceira é..."

"...Anna rompeu nosso relacionamento. Talvez haja algo de errado comigo."

"E se houver alguma coisa de errado comigo então..."

"...ninguém vai querer ficar comigo."

Essencialmente, tudo o que Larry dizia aumentava sua ansiedade: que jamais encontraria uma parceira, que havia algo de errado com ele e que ninguém iria querer ficar com ele. Isso deixaria qualquer um perturbado. Mas lembrei a Larry que um pensamento não é a mesma coisa que a realidade. Por exemplo, falei que posso ter o pensamento de que sou uma zebra, mas, quando verifico no espelho, não tenho as listras e não ando de quatro. Larry riu.

ESSE ALARME É PARA MIM?

Imaginemos que você esteja em casa e ouça um alarme que soa como caminhões de bombeiros descendo a rua. O primeiro pensamento que tem é: "Minha casa está incendiando!". E então pensa: "Vou ser queimado vivo!". Como você se sentiria? Assustado? Em pânico? O que você faria? Poderia checar se há um incêndio na cozinha ou correria para a rua.

Mas e se, em vez disso, você pensasse: "Pode haver um incêndio a seis quadras daqui". Como se sentiria? Você poderia se sentir um pouco curioso ou até mesmo indiferente. O que faria? Talvez olhasse pela janela os caminhões passando ou não faria nada.

Podemos ver que o mesmo acontecimento – uma sirene alta – leva a duas reações diferentes. Em uma delas, você pensa que sua casa está incendiando e que será queimado vivo; em outra, pensa que o incêndio está a seis quadras de distância e não sente emoções intensas. Quando usamos a abordagem conhecida como *terapia cognitiva*, podemos notar o que dizemos a nós mesmos, reconhecer como isso nos faz pensar e agir e determinar se há outra maneira de ver as coisas.

Sempre há outra maneira de ver as coisas. Mudar a visão das coisas pode ser imensamente útil. Quanto mais frequentemente você experimentar e praticar as técnicas deste capítulo, mais verá sua capacidade para lidar com as emoções melhorar. Mas é preciso tempo, prática e disciplina.

NOSSO PENSAMENTO ENVIESADO

Você já notou que frequentemente tira conclusões precipitadas, vê as coisas piores do que na verdade são e vê muitas coisas acontecerem em termos de como "deveriam ser", em vez de simplesmente descrever e aceitar o mundo como ele é? Isso não quer dizer que os sentimentos não sejam reais, não quer dizer que você não possa estar certo sobre as coisas estarem ruins e não quer dizer que a moralidade e as regras não contem. Mas pode ser que você tenha padrões de pensamento habituais que exacerbam suas emoções e o deixam propenso à ansiedade e à depressão.

Uma forma muito poderosa de mudar os sentimentos é pensar na situação de um modo diferente. Esta é a marca característica da terapia cognitiva, que foi desenvolvida por Aaron Beck e Albert Ellis. Trata-se de uma forma de terapia que se mostrou efetiva para depressão, ansiedade, raiva, problemas de casal, abuso de substância e esquizofrenia (Beck et al., 1979; Ellis & Harper, 1975; Leahy, 2018). A terapia cognitiva foca nas suas "cognições" ou pensamentos. Ela propõe que os sentimentos com frequência são o resultado do que pensamos sobre as coisas. Esses vieses de pensamento negativos são denominados *pensamentos automáticos*, pois ocorrem espontaneamente e parecem plausíveis. As pessoas deprimidas acreditam na tríade negativa – uma perspectiva negativa do *self*, da experiência e do futuro – com pensamentos como "Sou um perdedor", "Esta é uma experiência terrível para mim" e "O futuro é sem esperança".

Pessoas propensas à ansiedade têm "detectores de ameaça" operando continuamente, fazendo varreduras em sua experiência na busca de sinais de rejeição, falhas ou perigo. Exemplos desse viés para detecção de ameaça incluem crenças de que as outras pessoas não gostam de nós, de que vamos fracassar em uma tarefa ou de que nossa ansiedade vai escalar até um ataque de pânico e vamos enlouquecer ou morrer. E as pessoas propensas à raiva tendem a ver os outros as impedindo de obter o que querem, as humilhando, provocando ou insultando (Beck, 1999; DiGiuseppe & Tafrate, 2007). Exemplos incluem a crença de que os outros estão no nosso caminho, de que são desrespeitosos e de que nos tratam com desdém. Casais em conflito tendem a achar que o companheiro ou companheira deve saber o que ele/ela quer sem que precise dizer, que tudo deve correr muito bem o tempo todo e que ele/ela não deve ter que ceder (Epstein & Baucom, 2002).

Se você se vê em algum desses padrões, não está sozinho. Todos temos vieses de pensamento. É a natureza humana. Algumas vezes imaginamos que o mundo é um lugar terrível ou que há alguma coisa fundamentalmente errada conosco. Mas podemos examinar esses vieses ou distorções de pensamento e verificar se eles realmente fazem sentido.

Vamos examinar algumas dessas distorções comuns de pensamento, começando por você. Você pode fazer isso com este estímulo: "Estou perturbado porque penso...". Pode responder: "...que meu chefe vai me criticar". E depois você pode ir mais adiante: "E se meu chefe me criticar, isso me deixará perturbado porque eu posso ser demitido".

E então: "Se eu for demitido, isso me incomoda porque significa que sou um fracasso". E finalmente: "Se eu for um fracasso, ninguém vai querer ficar comigo e, então, vou ficar sozinho para sempre, jamais vou poder ser feliz, e a vida não valerá a pena".

Bem, talvez você não vá tão longe com seus pensamentos negativos. Porém, muitas pessoas propensas à depressão e à ansiedade vão. Veja que cada pensamento pode ter um viés negativo, e cada pensamento negativo pode levá-lo a mais conclusões precipitadas, como fez Larry anteriormente neste capítulo. Na terapia cognitiva, identificamos os pensamentos, os categorizamos e os testamos contra a lógica, os fatos e a experiência.

Há inúmeras categorias nas quais nossos pensamentos podem ser enquadrados. Você se vê tendo algum desses tipos de pensamentos?

Categorias de Pensamentos Distorcidos

Leitura mental: Você acredita que sabe o que outras pessoas pensam sem ter evidências suficientes. Por exemplo: "Ela acha que eu sou chato".

Previsão do futuro: Faz previsões sobre o futuro com base em poucas evidências. Por exemplo: "Vou ser demitida" ou "Ele vai me rejeitar".

Catastrofização: Acha que os eventos serão tão terríveis ou catastróficos que serão insuportáveis. Por exemplo: "Seria terrível se ela me rejeitasse" ou "Minha ansiedade vai me matar".

Rotulação: Vê as outras pessoas ou a si mesmo como tendo traços negativos globais. Por exemplo: "Sou um fracasso" ou "Ela é má".

Desqualificação do positivo: Ignora ou desconsidera as experiências ou qualidades positivas em si mesmo, nos outros ou em sua vida e as trata como sem importância. Por exemplo: "Esta tarefa foi fácil, então não conta" ou "Isso é o que o seu parceiro deveria fazer, então por que dar a ele crédito por isso?".

Filtro negativo: Foca quase exclusivamente nos aspectos negativos e raramente nota os positivos. Por exemplo: "Veja todas as pessoas que não gostam de mim".

Supergeneralização: Percebe um padrão global de aspectos negativos com base em um único incidente. Por exemplo: "Isso geralmente acontece comigo. Parece que falho em muitas coisas".

Pensamento em preto e branco: Vê os acontecimentos ou as pessoas em termos de tudo ou nada – totalmente bons ou totalmente ruins, sem nuanças de cinza. Por exemplo: "Todo mundo me rejeita" ou "Foi uma perda de tempo".

Deveria: Interpreta os acontecimentos em termos de como as coisas devem ser, em vez de simplesmente focar no que elas são. Por exemplo: "Eu deveria me sair bem. Se isso não acontecer, então sou um fracasso".

Personalização: Vê as coisas como pessoalmente direcionadas a você ou atribui a si mesmo uma culpa desproporcional por acontecimentos negativos e não consegue perceber que certos acontecimentos também são causados por outros. Por exemplo: "Meu casamento terminou porque eu falhei".

Culpar outros: Foca em outra pessoa como fonte de seus sentimentos negativos e se recusa a assumir a responsabilidade por mudar. Por exemplo: "Ela é culpada pela forma como eu me sinto agora" ou "Meus pais causaram todos os meus problemas".

Comparações injustas: Interpreta os acontecimentos em termos de padrões irrealistas, focando principalmente em outras pessoas que se saem melhor do que você, e então se julga inferior na comparação. Por exemplo: "Ela tem mais sucesso do que eu" ou "Os outros foram melhores do que eu no teste".

Orientação para o arrependimento: Foca na ideia de que poderia ter se saído melhor no passado, em vez de focar no que pode fazer melhor agora. Por exemplo: "Eu poderia ter tido um emprego melhor se tivesse tentado" ou "Eu não deveria ter dito aquilo".

E se?: Faz uma série de perguntas do tipo "e se" e não fica satisfeito com nenhuma resposta. Por exemplo: "E se eu ficar ansioso?" ou "E se eu não conseguir recuperar o fôlego?".

Raciocínio emocional: Permite que os sentimentos guiem sua interpretação da realidade. Por exemplo: "Eu me sinto deprimido, portanto, meu casamento não está dando certo".

Incapacidade de refutar: Rejeita qualquer evidência ou argumento que possa contradizer seus pensamentos negativos. Por exemplo, quando pensa "Não mereço ser amado", rejeita qualquer evidência de que as pessoas gostem de você. Consequentemente, seu pensamento não pode ser refutado. Outro exemplo: "Esta não é a verdadeira questão. Existem problemas mais profundos. Há outros fatores".

Foco no julgamento: Vê a si mesmo, os outros e os acontecimentos em termos de avaliações do tipo branco e preto (bom/mau ou superior/inferior), em vez de simplesmente descrever, aceitar ou entender. Você fica focado no julgamento dos outros, bem como no julgamento que faz de si mesmo. Por exemplo: "Não tive bom desempenho na faculdade" ou "Se eu começar a jogar tênis, não vou me sair bem" ou "Olhe como ela é bem-sucedida e eu não".

Vejamos como podemos categorizar os pensamentos automáticos negativos de alguém. Continuemos com Larry, que passa por um rompimento com Anna. Ele acha que a experiência é absolutamente terrível (catastrofização) e que significa que fracassou no relacionamento (personalização), acredita que Anna é uma pessoa terrível (rotulação), que outras pessoas vão pensar que é um perdedor porque ela rompeu com ele (leitura mental), que jamais vai ser feliz de novo (previsão do futuro), que todos os relacionamentos estão condenados (supergeneralização), que não há nada na vida que seja positivo (desqualificação do positivo) e que Anna deveria ter se esforçado mais para fazer as coisas darem certo (deveria).

QUAIS SÃO SUAS DISTORÇÕES?

Todos podemos ter distorções ou vieses de pensamento – especialmente quando experimentamos emoções intensas. Quando sente uma emoção intensa, pode ser útil pensar sobre o que você diz a si mesmo. Durante a próxima semana, reserve um tempo para notar quando estiver com uma emoção intensa – talvez esteja se sentindo solitário, triste, sem esperança, ansioso, com raiva ou desamparado. Depois, registre seus pensamentos. Ao monitorá-los e registrá-los, você vai começar a obter maior controle sobre os sentimentos e será capaz de mudar a forma como se sente, em vez de ser sequestrado pelos acontecimentos e por suas interpretações sobre eles. Isso não quer dizer que você esteja errado ou que não tenha direito a sentimentos, mas que tem o direito de lidar mais efetivamente com eles!

Veja a lista "Exemplos de distorções para diferentes emoções". Depois, começando hoje, liste suas emoções e pensamentos distorcidos no exercício "Minhas distorções para diferentes emoções". A seguir, consulte a lista de categorias distorcidas e tente dar nome ao pensamento. Retorne ao exercício durante a próxima semana ou nas próximas duas semanas toda vez que tiver uma emoção intensa (você também pode fazer cópias deste exercício ou fazer *download* no *link* do livro em www.loja.grupoa.com.br). Veja se consegue identificar em si mesmo alguns hábitos de pensamento distorcidos.

Exemplos de Distorções para Diferentes Emoções

Emoção	Pensamentos típicos	Categoria
Ansiedade	É terrível ela ter dito isso.	Catastrofização
	Minha vida está desmoronando.	Catastrofização
	Vou ser reprovado no teste.	Previsão do futuro
	Não consigo fazer nada certo.	Supergeneralização e desqualificação do positivo
Tristeza	Não suporto ficar tão triste.	Catastrofização
	Vou ficar triste para sempre.	Previsão do futuro
	Sou impotente para fazer com que as coisas melhorem.	Desqualificação do positivo
Solidão	É terrível estar sozinho.	Catastrofização
	Estou sozinho porque há algo errado comigo.	Personalização e desqualificação do positivo
	As pessoas acham que nada de bom me acontece.	Leitura mental
Raiva	É horrível quando alguém não me respeita.	Catastrofização
	Eles deveriam ser sempre respeitosos comigo.	Deveria
	Ele acha que pode me tratar como se fosse superior a mim.	Leitura mental
	Eu deveria pagar na mesma moeda por ela me tratar assim.	Deveria
Ciúme	É terrível quando meu parceiro acha outras pessoas atraentes.	Catastrofização
	Ela acha que é mais interessante do que eu.	Leitura mental
	Ele não presta atenção em mim porque está pensando em outra pessoa.	Personalização e leitura mental
	Ela está sempre flertando.	Supergeneralização

Minhas Distorções para Diferentes Emoções

Emoção	Pensamentos típicos	Categoria

COMO COLOCAR AS COISAS EM PERSPECTIVA

Quando estamos intensamente emotivos, com frequência vemos as coisas ampliadas, desproporcionais e sem uma perspectiva razoável. Isso não quer dizer que não devamos ter emoções – mas a intensidade, o sentimento de estar devastado e a tendência a agir impulsivamente no momento podem se tornar um problema. Cada uma das distorções descritas anteriormente pode ser abordada com o uso de técnicas da terapia cognitiva. São técnicas simples que você pode começar a usar imediatamente e que podem ajudá--lo a moderar, controlar e com frequência diminuir a intensidade dos sentimentos.

Vamos experimentar.

Dê uma olhada em alguns dos pensamentos que você tem quando acha que alguma coisa é "terrível" ou que "não consegue suportar". Vamos tomar como exemplo a situação de rompimento de um relacionamento. Em geral, este é um momento intensamente emotivo, e você pode ter toda gama de pensamentos negativos. Mas a intensidade das emoções não significa que os pensamentos são precisos. Por exemplo, vamos examinar os seguintes pensamentos que você pode ter durante um rompimento:

É horrível termos rompido.

Não vou conseguir suportar.

Vou ficar sozinho para sempre.

Jamais vou ser feliz de novo.

Isso significa que não mereço ser amado (ou que sou um fracasso).

Ninguém jamais vai me querer de novo.

Vejamos o primeiro pensamento: "É horrível termos rompido". Com frequência achamos que os acontecimentos negativos são terríveis, catastróficos e insuportáveis. Mas, por pior que possa parecer no momento, vamos ver se há outro modo de tornar isso menos terrível ou catastrófico. Se você está em conflito com uma pessoa que ama, use o exercício a seguir para questionar a ideia de que o conflito é terrível. Você também pode experimentar esse exercício com algum acontecimento negativo, como uma dificuldade no trabalho, não ter bom resultado em um teste ou passar por uma experiência estressante. Simplesmente copie o exercício ou faça *download* no *link* do livro em www.loja. grupoa.com.br para que possa questionar os pensamentos em cenários diferentes.

Isso não quer dizer que o que está acontecendo seja sem sentido ou trivial – mas talvez possa não ser tão terrível ou tão catastrófico quanto você pensa.

Desafiando a Ideia de que Alguma Coisa É Terrível

Descreva o conflito no relacionamento ou o acontecimento negativo. Por exemplo, se foi um conflito com alguém, descreva o conflito. Caso tenha sido um problema no trabalho, descreva exatamente o que aconteceu.

_____

_____

_____

_____

_____

Liste todas as coisas que você ainda pode fazer. Por exemplo, você ainda pode ver os amigos, fazer exercícios, aprender, crescer, etc.?

_____

_____

_____

_____

_____

O que você gostava de fazer antes desse acontecimento ou experiência? Quais foram as experiências significativas que teve e que eram independentes desse acontecimento, situação ou experiência?

_____

_____

_____

_____

_____

Outras pessoas sobrevivem a essas situações e continuam a experimentar coisas boas? Você consegue pensar em como elas conseguem fazer isso?

_____

_____

_____

_____

_____

Você coloca muita ênfase em como se sente neste momento? Algumas vezes julgamos o quanto alguma coisa é ruim pela forma como nos sentimos no momento, ignorando como nossos sentimentos podem mudar mais tarde.

_____

_____

_____

_____

_____

Quais são algumas novas oportunidades que você pode desfrutar? A mudança também pode envolver novas possibilidades, novas portas se abrindo, novas oportunidades.

_____

_____

_____

_____

_____

Existem atividades gratificantes e significativas que você pode buscar nesta semana? Liste algumas delas.

_____

_____

_____

_____

_____

Agora vamos imaginar que o acontecimento negativo pareça mais definitivo: o rompimento de um relacionamento, a perda do emprego, uma rejeição na universidade ou outra coisa que possa se aplicar à sua vida. Agora você acha que ficará sozinho para sempre, sem emprego, sem um diploma ou qualquer outra coisa nesse sentido. Use o exercício a seguir para desafiar seus pensamentos. Sinta-se à vontade para experimentar esse exercício em múltiplos acontecimentos fazendo uma cópia ou o _download_ no _link_ do livro em www.loja.grupoa.com.br.

Desafiando a Ideia de "Para Sempre"

Você tem outros amigos e familiares em sua vida? Quais são suas habilidades profissionais? A que outras universidades você pode se candidatar? Dê exemplos.

_____

_____

_____

_____

_____

Você já foi capaz de fazer novas amizades e começar novos relacionamentos? Já se candidatou a empregos anteriormente e foi contratado? Já se inscreveu em outras escolas ou cursos? Descreva alguns exemplos.

_____

_____

_____

_____

_____

Muitas pessoas passam por rompimentos/perdas de emprego/rejeições na universidade e começam novos relacionamentos/trabalhos/estudos posteriormente. Você consegue pensar em alguns exemplos de pessoas que já passaram por isso? Dê exemplos.

_____

_____

_____

_____

_____

Você já teve outros relacionamentos/empregos/cursos que terminaram e conheceu novas pessoas/se candidatou a um trabalho novo/fez outros cursos. Pode dar alguns exemplos?

_____

_____

_____

_____

_____

Escreva uma história de um parágrafo sobre como você pode se conectar com novas pessoas em sua vida/candidatar-se a um novo emprego/a outra universidade. O que teria que fazer para que isso acontecesse? Que planos pode desenvolver para mover-se nessa direção?

_____

_____

_____

_____

_____

Quando temos conflitos, podemos nos culpar, nos rotular e nos sentimos deprimidos e sem esperança sobre o futuro devido à forma como pensamos a repeito disso. Agora vamos desafiar a ideia de um rompimento, da perda do emprego, de uma rejeição acadêmica ou outro conflito que signifique que você é falho, inadequado ou não merece ser amado. Veja se existem formas diferentes de ver isso.

Desafiando a Ideia de que Sou Falho

Você está personalizando o conflito como se fosse inteiramente culpa sua? São necessárias duas pessoas para que haja um rompimento, por exemplo. Como os outros contribuem para o problema? Dê exemplos.

_____

_____

_____

_____

_____

Ter conflitos não significa que as pessoas não mereçam de modo geral ser amadas ou que sejam falhas – simplesmente significa que uma situação específica não durou ou que as pessoas discordam entre si. Como isso faz sentido para a sua experiência?

_____

_____

_____

_____

_____

Você não concluiria que uma pessoa não merece ser amada ou é falha só porque teve um conflito. Por que não? Dê um exemplo. Por que você teria um padrão diferente para julgar outra pessoa? Por que é tão duro consigo mesmo?

_____

_____

_____

_____

_____

Todos têm qualidades positivas e negativas – apreciamos e amamos essas qualidades –, então dizer que uma pessoa por inteiro não merece ser amada ou que seja falha não faz sentido. Quais são algumas das suas qualidades positivas relacionadas a ser um bom parceiro/profissional/aluno/ser humano? Dê exemplos específicos.

_____

_____

_____

_____

_____

Se alguém o amasse e vocês rompessem o relacionamento, não faria sentido dizer que de repente você se tornou alguém que não merece ser amado. Se perdesse o emprego, não faria sentido dizer que de repente você não tenha habilidades. Se fosse recusado por uma universidade, não faria sentido dizer que de repente fosse burro. Como faz sentido que você e a sua situação sejam mais complexos do que um simples rótulo de ruim, falho ou que não merece ser amado? Dê exemplos.

Se você cometeu erros que originaram o conflito, como pode aprender com esses erros e usar essas informações no futuro? Como pode crescer com a experiência?

Desafiando sua previsão do futuro

Vamos dar uma olhada em seus hábitos de previsão do futuro. Esse tipo de pensamento inclui previsões que com frequência são baseadas em informações inadequadas. As afirmações são do tipo:

Jamais vou ser feliz novamente.

Vou ficar sempre sozinho.

Vou ser rejeitado por eles.

Vou fracassar nisso.

Vou enlouquecer.

Muitos de nós fazemos previsões todos os dias. Faz parte da natureza humana fantasiar sobre o futuro – de formas boas e ruins – e tratar nossos pensamentos como se fossem realidade. Porém, nossas previsões não são fatos. E, se estivermos continuamente prevendo os resultados mais negativos, provavelmente nos sentiremos ansiosos, tristes, indefesos e sem esperança.

Como o hábito de fazer previsões tem implicações sobre nossas emoções atuais e futuras, precisamos examinar esse tipo de pensamento para ver se pode haver outra forma de encarar o futuro. Reflita sobre algumas das previsões que você faz agora ou que fez no passado. Use o exercício a seguir para testar suas previsões.

Desafiando Suas Previsões Negativas

Exatamente o que você está prevendo que vai acontecer? O quanto está confiante de que isso vai ocorrer, em uma escala percentual de 0 a 100? Especifique o máximo possível:

_____

_____

_____

_____

_____

Quais são as evidências de que isso vai acontecer? Quais são as evidências de que não vai acontecer?

Evidências a favor: _____

_____

_____

_____

_____

Evidências contra: _____

_____

_____

_____

_____

Você já fez previsões negativas no passado que se revelaram imprecisas? O que previu e o que realmente aconteceu?

_____

_____

_____

_____

Qual é o pior, o melhor e o mais provável desfecho?

• Pior: _____

_____

_____

• Melhor: _____

_____

_____

• Mais provável: _____

_____

_____

Por que o "desfecho mais provável" é mais provável do que o pior desfecho?

_____

_____

_____

_____

_____

Faça uma descrição detalhada do pior desfecho temido.

_____

_____

_____

_____

_____

Liste todas as coisas que teriam de dar errado para que esse desfecho aconte-cesse.

_____

_____

_____

_____

_____

Liste todas as coisas que impediriam que esse desfecho acontecesse.

_____

_____

_____

_____

_____

Descreva em detalhes três desfechos positivos.

_____

_____

_____

_____

_____

Quando você se sente dominado pelas emoções, pode ser difícil pensar nas técnicas que pode usar para colocar as coisas em perspectiva, ver as coisas de forma diferente, desafiar os pensamentos e elaborar pensamentos novos, mais adaptativos, mais flexíveis e mais realistas. As dez perguntas no exercício a seguir podem ser úteis. Quando se sentir oprimido e inseguro quanto ao que fazer, você pode se orientar registrando as respostas. Para cópias em branco adicionais, faça *download* no *link* do livro em www.loja.grupoa.com.br. Experimente este exercício pelo menos três vezes nesta semana.

Dez Perguntas para Desafiar e Testar os Pensamentos Negativos

1. **No que você pensa quando se sente chateado?**

   _____

   _____

   _____

   _____

2. **Quais são os custos e benefícios de pensar assim?**

   _____

   _____

   _____

   _____

3. Como você se sentiria e agiria se acreditasse menos nesse pensamento?

4. Que pensamento automático distorcido você está usando (p. ex., leitura mental, previsão do futuro, catastrofização, personalização, etc.)?

5. Que conselho você daria a um amigo?

6. Quais são as evidências a favor e contra esse pensamento?

7. **E se esse pensamento fosse verdade? O que isso significaria para você e o que aconteceria a seguir?**

8. **O quanto são prováveis ou improváveis os acontecimentos que você prevê na pergunta 7? Por quê?**

9. **Como você conseguiria lidar com a situação se alguma coisa negativa realmente acontecesse?**

10. **Que forma de ver as coisas seria mais realista?**

Pontos Principais

♦ Todos temos vieses e distorções em nossos pensamentos.

♦ Esses vieses nos deixam propensos a ansiedade, tristeza, raiva e outras emoções difíceis.

♦ Note o que você diz a si mesmo que o deixa perturbado.

♦ Determine os custos e os benefícios de pensar assim.

♦ Pergunte-se como você se sentiria se acreditasse menos nesses pensamentos.

♦ Sempre há outra forma de ver as coisas.

♦ Pergunte-se que conselho você daria a um amigo.

♦ Determine se você está tirando conclusões precipitadas.

♦ Você pode colocar as coisas em perspectiva.

♦ Examine as evidências a favor e contra o pensamento.

CAPÍTULO 8

Não consigo tolerar sentimentos mistos

Você tem dificuldade com os sentimentos mistos? Acha que deveria se sentir apenas de uma forma a respeito de alguém ou de uma situação? Tem dificuldade para tomar decisões porque pode ver tanto os prós quanto os contras? A ambivalência, ou sentimentos mistos, faz parte da vida real, e, se não consegue tolerar ambivalência, você deixa escapar a riqueza da vida que também pode parecer contraditória.

Uma razão para ter problemas em aceitar a ambivalência é que você acredita na "mente pura". Em outras palavras, acredita que existe um estado ideal no qual sabe com certeza qual é a coisa certa, qual é a verdade. Você rumina, busca reasseguramento, vê todas as variações possíveis das coisas enquanto espera por uma epifania, uma percepção repentina em que tudo se articula. Isso é um mito. A realidade é complexa, contraditória e sempre fluida, e sua mente faz parte dessa realidade.

A mente pura faz parte do perfeccionismo emocional sobre o qual você aprendeu no Capítulo 4. Perfeccionismo emocional é a crença de que devemos ter apenas certos tipos de experiências emocionais – como sentir-se feliz, satisfeito, gratificado, não frustrado, etc. Mente pura é a ideia de que a mente deve ser clara, não ambivalente, não confusa. Mas a realidade é que nossa mente frequentemente é caótica.

Neste capítulo, examinamos a ambivalência, especialmente como pensar sobre ela. Você verá que a vida envolve perdas e ganhos e que certas coisas fazem parte do pacote. Vamos aprender que o problema não é a ambivalência, mas você *pensar* que a ambivalência é o problema. Vejamos alguns exemplos.

Brenda vem se encontrando com Mike há vários meses e começou a ruminar sobre como se sente em relação a ele. "Não sei o que sinto. Quero dizer, algumas vezes eu gosto de estar com ele, mas outras vezes ele me aborrece. Não com frequência, mas algumas vezes. Temos uma química ótima e gostamos muito de estar juntos, e ele é um cara incrível. Mas não sei, algumas vezes fico aborrecida falando com ele. Ele fala muito sobre o trabalho, e, para ser honesta, não estou assim tão interessada no trabalho dele. Apenas não sei como me sinto. Eu gosto dele ou não?"

Como resultado de sua ambivalência, Brenda algumas vezes foca nas poucas vezes em que se sente aborrecida quando fala com Mike. "O que há de errado comigo? O que há de errado com o nosso relacionamento?" E então se preocupa com a possibilidade de ele não ser "a pessoa certa" para ela – pensa que talvez deva romper o relacionamento. Mesmo se sentindo mais à vontade com ele do que com qualquer outro com quem se envolvera anteriormente, ela está cheia de dúvidas. "Como posso assumir um compromisso se tenho sentimentos mistos? Eu não deveria ter certeza?" O que torna isso mais difícil para Brenda é que ela percebe que Mike tem muitas ótimas qualidades. Sabe que ele é um parceiro maravilhoso em muitos aspectos e que é completamente dedicado a ela. A ambivalência de Brenda em relação a Mike a incomoda.

Nicole se encontra em um dilema semelhante, mas sua ambivalência é em relação ao seu emprego. Ela trabalha para uma pequena empresa de tecnologia, as horas são longas, o trabalho é imprevisível, e o chefe da equipe algumas vezes é irracional. Mas ela adora o que faz, acha que está aprendendo muito, e há grande potencial para crescimento. "Não sei, eles nos dizem para *seguirmos nosso sonho*, e acho que este era o meu sonho, mas algumas vezes é aborrecido, às vezes frustrante, e simplesmente não sei como me sinto em relação a essa situação." Nicole acha que não deveria se sentir ambivalente sobre seu trabalho. Acha que este deveria ser seu sonho. Ela continua pensando que deveria estar em um trabalho dos sonhos, que jamais deveria se sentir aborrecida no trabalho e que ou há alguma coisa errada com ela, ou esse não é o *trabalho certo*. Nicole não consegue tolerar sentimentos mistos sobre o trabalho.

O problema é Mike, o trabalho ou a dificuldade em tolerar a ambivalência?

Podemos ter sentimentos mistos sobre nosso relacionamento, nosso emprego, nossa aparência, onde moramos e até mesmo sobre o que comemos. Alguns de nós ficamos aprisionados à ambivalência e achamos que temos de ser claros, ter certeza e não ter qualquer dúvida para tomar decisões. Somos assolados por arrependimentos e não conseguimos ver as situações em perspectiva.

Você pode achar que o problema é que *tem* sentimentos mistos, que é ruim ter dúvidas sobre qualquer coisa importante na vida. Mas se sentimentos mistos fazem parte da riqueza e da complexidade da vida, qual é o problema? Talvez o problema seja que você *ache* que sentimentos mistos sejam um problema – e então ativa a ruminação, a busca de reasseguramento, a procrastinação e outras estratégias que não ajudam a resolver o problema. Isso faz parte do *mito da mente pura*, que é outra parte do seu perfeccionismo emocional.

Vamos ver se você não consegue aceitar a ambivalência e se as suas soluções tornam os problemas ainda piores.

Checklist da Ambivalência

Vejamos como você é com sua ambivalência. Examine as afirmações na coluna do meio. Depois, usando a escala a seguir, anote o número que melhor corresponde à forma como pensa sobre cada domínio da vida. Não há respostas certas ou erradas.

Escala:
- 1 = Discordo fortemente
- 2 = Discordo moderadamente
- 3 = Discordo levemente
- 4 = Concordo levemente
- 5 = Concordo moderadamente
- 6 = Concordo fortemente

Domínio da vida	Minhas crenças	Avaliação (1-6)
Trabalho	Tenho dificuldade com sentimentos mistos.	
	Com frequência rumino sobre o fato de ter sentimentos mistos.	
	Acho que eu deveria ter clareza sobre a forma como me sinto.	
	Acho que se eu tiver sentimentos mistos, então alguma coisa está errada.	
	É difícil tomar decisões quando tenho sentimentos mistos.	
Relacionamento romântico	Tenho dificuldade com sentimentos mistos.	
	Com frequência rumino sobre o fato de ter sentimentos mistos.	
	Acho que eu deveria ter clareza sobre a forma como me sinto.	
	Acho que se eu tiver sentimentos mistos, então alguma coisa está errada.	
	É difícil tomar decisões quando tenho sentimentos mistos.	

Domínio da vida	Minhas crenças	Avaliação (1-6)
Amizades	Tenho dificuldade com sentimentos mistos.	
	Com frequência rumino sobre o fato de ter sentimentos mistos.	
	Acho que eu deveria ter clareza sobre a forma como me sinto.	
	Acho que se eu tiver sentimentos mistos, então alguma coisa está errada.	
	É difícil tomar decisões quando tenho sentimentos mistos.	
Onde eu vivo	Tenho dificuldade com sentimentos mistos.	
	Com frequência rumino sobre o fato de ter sentimentos mistos.	
	Acho que eu deveria ter clareza sobre a forma como me sinto.	
	Acho que se eu tiver sentimentos mistos, então alguma coisa está errada.	
	É difícil tomar decisões quando tenho sentimentos mistos.	

Examine suas respostas para cada domínio da vida. Talvez você note que há mais aceitação de sentimentos mistos em algumas áreas da vida comparadas com outras. Por exemplo, você aceita mais sentimentos mistos em relação ao local onde vive do que sobre relacionamentos românticos? Em caso afirmativo, por quê?

Você acha que suas escolhas ou seu envolvimento em um relacionamento não devem incluir sentimentos mistos? Você acha que seu trabalho nunca deveria ser frustrante ou aborrecido? Por quê?

_____

_____

_____

_____

_____

Seus sentimentos mistos tornam difícil para você tolerar decepções ou frustrações ocasionais? Sua ambivalência torna difícil tomar decisões? Descreva:

_____

_____

_____

_____

_____

Pense nas áreas da sua vida em que você pode aceitar ambivalência. Por exemplo, talvez tenha amigos sobre os quais tenha sentimentos mistos – e eles podem ter sentimentos mistos sobre você. Você concorda que seja assim? Por quê?

_____

_____

_____

_____

_____

Voltando a Brenda e Mike momentaneamente, perguntei a Brenda por que ter sentimentos mistos sobre Mike era difícil para ela. Brenda me olhou com uma expressão surpresa e disse: "Eu não deveria saber como realmente me sinto?".

"Sim", respondi, "e acho que você sabe como realmente se sente. Você tem sentimentos mistos. O que você tem é *ambivalência*".

Brenda riu. Mas ainda achava que não deveria ter sentimentos mistos. Ela perguntou: "Eu não deveria saber como me sinto?". Retruquei que ela conhece os próprios sentimentos – e eles são mistos. Então falamos sobre o fato de ela ter amigos de longa data sobre os quais tem sentimentos mistos que aceita e a possibilidade de que isso também seja válido em relação a Mike.

"Talvez ter sentimentos mistos faça parte de conhecer pessoas", sugeri.

"Mas você não acha que se ama alguém não deveria ter *sentimentos mistos?*"

"Isso parecer ser muito idealizado. Mas irreal. *Talvez amar alguém seja aceitar sentimentos mistos. Talvez amar alguém seja ver o cenário maior.*"

Como você pensa sobre sua ambivalência? Tem um conjunto de regras sobre como deveria se sentir? Marque as afirmações que se aplicam a você:

- ☐ Eu nunca deveria ter sentimentos de ambivalência.
- ☐ Se estou ambivalente, então preciso continuar pensando sobre a questão para me livrar dos sentimentos mistos.
- ☐ Outras pessoas podem me ajudar a me livrar da ambivalência.
- ☐ Preciso mudar tudo pelo que me sinto ambivalente.
- ☐ Se eu estiver ambivalente, então não posso tomar decisões.
- ☐ Somente pessoas neuróticas, ansiosas e deprimidas se sentem ambivalentes.
- ☐ Quase todas as pessoas estão completamente seguras sobre como se sentem.

Em que áreas da vida você tem mais dificuldade para aceitar a ambivalência? Em que áreas é mais fácil aceitá-la?

Quando se sente ambivalente, você acha que precisa se livrar da ambivalência? Por quê?

_____

_____

_____

_____

_____

_____

_____

O que significaria para você não conseguir se livrar dos sentimentos mistos? E se tiver de conviver com eles?

_____

_____

_____

_____

_____

_____

_____

Se acha que não deve ter sentimentos mistos, você terá dificuldade para tolerá-los, conviver com eles e aceitá-los. Provavelmente irá ruminar e se preocupar com eles, buscar reasseguramento e ter dificuldade para tomar decisões e conviver com os resultados delas. Você estará mais propenso ao arrependimento, a olhar para o passado e a idealizar alguma alternativa que não escolheu. Sua intolerância aos sentimentos mistos pode fazê-lo duvidar do valor de suas experiências na vida cotidiana e esquecer-se de valorizar o que realmente tem.

Mas e se você tivesse uma visão diferente da ambivalência? E se tivesse mais pensamentos e sentimentos sobre ambivalência?

A ambivalência é normal porque todas as partes da vida têm altos e baixos.

Posso aceitar a ambivalência em vez de ruminar sobre ela.

Tudo envolve perdas e ganhos.

Todos têm sentimentos mistos se forem honestos consigo mesmos.

Eu consigo tomar decisões se tiver sentimentos mistos, pois decisões sempre envolvem um misto de sentimentos quando você compara uma alternativa com outra.

MAXIMIZADORES

Muitos anos atrás almocei com um colega em uma lanchonete. Ele estudou o cardápio atentamente e então chamou o garçom e começou a perguntar como ele comparava uma entrada com a outra, examinando cerca de dez itens. Achei aquilo irritante e tenho certeza de que o garçom também achou desagradável. Meu colega, que é uma pessoa muito inteligente, estava tentando garantir que comeria a melhor entrada de todas e achava que precisava fazer todas as comparações.

Esse pode parecer um exemplo trivial (e é), mas imagine se você abordasse as decisões na vida com a demanda de quem precisa obter o melhor de tudo. Você não vai se contentar com o segundo lugar, tem que ser o melhor. Os psicólogos se referem a essas pessoas como *maximizadores*. Os maximizadores são perfeccionistas quando se trata de determinadas decisões. Não se contentam com menos, continuam procurando – o parceiro perfeito, o emprego perfeito, os amigos perfeitos. Isso é interminável.

Pode até parecer uma boa ideia. Mas a maximização tem os inconvenientes que abordamos brevemente no Capítulo 4. As pesquisas mostram que os maximizadores demoram mais tempo para tomar decisões, precisam de mais informações, com frequência buscam informações irrelevantes, consideram desagradável a experiência de tomada de decisão e estão menos satisfeitos com suas escolhas. Na verdade, eles têm maior probabilidade de arrependimento depois que fazem uma escolha porque se questionam se não há algo melhor no momento ou se pode haver algo melhor no futuro (Schwartz et al., 2002; Parker, De Bruin, & Fischhoff, 2007).

A história de Mark

Mark era maximizador quando decidiu se casar. Estava em um relacionamento de longa data com Deena, a quem amava. Ele gostava da companhia dela e achava que sua vida sexual era muito boa. Mark me contou que Deena era uma pessoa gentil, compassiva e generosa, comprometida com ele. Disse que queria ter filhos e achava que Deena seria ótima mãe.

Entretanto, havia os "mas". Estes incluíam o fato de Deena não ser tão interessada em negócios e em política quanto ele. Mark pensava: "E se eu ficar entediado?". E então se preocupava: "E se surgir alguém melhor para mim?". Ele reconhecia que Deena era de longe a mais desejável das mulheres que havia namorado. Mas ele voltava às queixas, às frustrações, ao tédio ocasional e ao medo de que houvesse uma pessoa melhor.

Estes eram os pressupostos que deixavam Mark desconfortável com seus sentimentos mistos:

- Eu jamais deveria ficar entediado em um relacionamento.
- Eu devo continuar a focar nos aspectos negativos.
- Não consigo aceitar menos do que perfeição em minha parceira.
- Se eu fico ambivalente, isso é um mau sinal.
- Devo continuar procurando até me sentir seguro de que não há ninguém melhor por aí.

Mostrei a Mark que seu pressuposto maximizado, emocionalmente perfeccionista, de que jamais deveria ficar entediado em um relacionamento era irreal. O tédio é apenas uma emoção transitória que temos sobre nós mesmos, sobre nossos melhores amigos e sobre as pessoas de quem somos íntimos. Por que não deveríamos ocasionalmente ficar entediados com as pessoas que amamos? Por fim, Mark entendeu que o tédio faz parte do pacote.

Outro pressuposto de Mark que você também pode ter é que ele tinha que continuar buscando o melhor que existe. Vamos pensar nisso. Existem cerca de cinco bilhões e meio de pessoas no mundo. Qual a probabilidade de você encontrar a melhor pessoa no mundo? Afinal, você pode achar que a sua parceira atual é a melhor escolha do mundo, mas já "testou" os outros cinco bilhões e meio? Não.

OS TRÊS Cs CONFUNDIDORES: CLAREZA, CONCLUSÃO E CERTEZA

Muitos de nós temos uma mente confusa (sem trocadilhos) quando se trata de aceitar a ambivalência. Isso porque tipicamente buscamos clareza, conclusão e certeza. Temos tendência a acreditar que ao encontrarmos essas coisas teremos a resposta. Entretanto, esses elementos com frequência são elusivos.

Clareza

Você pode achar que aceitar sentimentos mistos o priva da clareza necessária de que precisa para saber como "realmente se sente" sobre o que é importante. Você pode tomar clareza como equivalente à ideia de que não existem prós e contras. Isso não é clareza

Não acredite em tudo que você sente **135**

– isso é perfeição. Talvez o que seja claro é que *existem prós e contras*. Talvez o que esteja claro é que você tem sentimentos mistos.

Vamos tomar como metáfora uma área rural da Nova Inglaterra onde tenho uma casa e onde o clima está em constante mudança. Um dia pode ser ensolarado, com a temperatura de 12 graus, e no dia seguinte pode nevar e fazer -6 graus. As nuvens vêm e vão ao longo do dia. O que está claro para mim é que o clima muda, que não está sempre ensolarado, nem sempre há neve e nem sempre há vento.

Como você pode ter clareza se as experiências com seu parceiro, seu emprego ou seus amigos estão constantemente mudando? A ideia de clareza é comparável a achar que você pode fazer uma foto instantânea de sua vida enquanto as experiências e os sentimentos mudam momento a momento todos os dias. Clareza pode ser dar-se conta de que não existe clareza que seja permanente ou real.

Conclusão

Você pode achar que ruminando sobre sua ambivalência – e constantemente olhando para os aspectos positivos comparados com os negativos – vai acabar chegando a uma conclusão. E, ao obter a conclusão, você pode acreditar que seja a mesma coisa que pegar os sentimentos, as percepções, as memórias e os sonhos e colocá-los dentro de uma caixa, fechá-la e rotulá-la como "concluído". Mas nossas experiências não são como uma caixa que você tranca e armazena em um sótão. Não existe um sótão para memórias.

Nossas experiências – todas – são fluidas, dinâmicas e imprevisíveis. Sua vida, memórias, relacionamentos e experiências passadas de todos os tipos fazem parte de um livro aberto ao qual você recorre, que pode consultar a qualquer momento, e que pode ser trazido à tona por alguma coisa que você vê ou ouve. Não existe conclusão final quando a vida é um livro aberto e tudo o que você experimenta é fluido, como as ondas em uma praia.

Algumas vezes essas ondas – suas experiências – são suaves e outras vezes são intensas. Observe as ondas indo e vindo. Você não tem conclusão final com um oceano constantemente em movimento.

Certeza

Você pode precisar de certeza ou reivindicá-la porque toma incerteza como equivalente a um mau desfecho. Pode achar que tem a responsabilidade de encontrar a certeza. Mas incerteza significa um mau desfecho? Não tenho certeza de como estará o clima amanhã, mas isso não significa que teremos uma nevasca.

Pode ser difícil para você tolerar as dúvidas, especialmente quando acha que tem de ser capaz de prever o desfecho com confiança total. Mas não existe certeza em um mundo incerto. O oceano continua em movimento, as ondas formam cristas e caem e se erguem novamente – imprevisibilidade não quer dizer que você se afogue se surfar as ondas e se aceitar a mudança das marés. Afinal de contas, existe alguma coisa na vida sobre a qual você tem certeza absoluta? Você não sabe o que a pessoa ao lado vai dizer, como vai se sentir, se seu carro vai quebrar ou se vai perder o emprego. De fato, se você tivesse certeza absoluta, ficaria entediado com a completa previsibilidade de tudo. Você poderia até começar a ter necessidade de incerteza!

ESCOLHAS

Mesmo com seu perfeccionismo emocional, que o leva a buscar clareza, conclusão e certeza, você ainda pode ter uma escolha. Pode achar que não tem escolha quanto a ruminar em relação à ambivalência – não ter escolha quanto a aceitá-la ou não. Mas esse modo de pensar é como comparar ambivalência com a lei da gravidade: não é uma questão de como você a vê; ela é *real* quer você queira ou não.

Você também pode acreditar que, se fizer uma escolha, provavelmente se arrependerá. Pode pensar: "Vou rever minhas dúvidas e perceber que poderia ter feito outra escolha e, então, vou realmente me criticar". Mas tenha em mente que os maximizadores que não conseguem tolerar a ambivalência têm *mais probabilidade* de se arrepender de suas decisões e dos desfechos. Assim, se a questão-chave fosse não tolerar a incerteza, os maximizadores se arrependeriam menos. Mas não é o caso. Eles se arrependem mais.

Quais são as vantagens de aceitar a ambivalência como parte natural da vida – das relações e da autorreflexão?

_____

_____

_____

_____

_____

E se você pensasse na incerteza como parte inevitável da experiência vivida? E se aceitasse a ideia de que nunca podemos saber com certeza o que vai acontecer?

_____

_____

_____

_____

_____

Em que áreas da vida você aceita alguma incerteza? Por quê?

_____

_____

_____

_____

_____

Qual seria a vantagem de abrir mão da clareza e adotar complexidade e mudança?

_____

_____

_____

_____

_____

ESTRATÉGIAS PROBLEMÁTICAS AO LIDAR COM A AMBIVALÊNCIA

Depois que você se dá conta de que tem sentimentos mistos, pode partir para a ação e tentar enfrentar esses sentimentos. Quando lida com eles, provavelmente tenta eliminar sua qualidade mista para determinar o que realmente sente – que, em sua mente, deveria ser apenas de um tipo. Em outras palavras, você quer que os sentimentos sejam do tipo ou esse/ou aquele, preto ou branco.

São muitas as formas como as pessoas lidam com os sentimentos. Vamos ver como você lida com seus sentimentos mistos.

Quais das seguintes atitudes você adota porque tem dificuldade de aceitar os sentimentos mistos? Se o exemplo não se aplicar a você, pense em amigos que têm dificuldade com a ambivalência e descreva suas experiências. Dê exemplos:

Queixar-se: *Você se queixa a outras pessoas ou ao alvo de seus sentimentos mistos sobre como não aceita os inconvenientes, os aspectos negativos e as decepções.*

_____

_____

_____

_____

_____

Colher mais e mais informações: *Você acha que será capaz de resolver a ambivalência ao recolher mais informações, embora sua busca frequentemente seja tendenciosa para o negativo.*

_____

_____

_____

_____

_____

Sempre focar no negativo e ignorar o positivo: *Você tende a direcionar sua atenção aos aspectos negativos com exclusão dos positivos, eliminando-os. Isso faz você se sentir ainda mais desencorajado.*

_____

_____

_____

_____

_____

Buscar reasseguramento: *Você busca o reasseguramento de que as coisas vão ficar bem – com os amigos ou com o alvo de sua ambivalência.*

Ruminar: *Você se apega ao fato de que tem sentimentos mistos, remoendo as coisas em sua mente a ponto de não conseguir simplesmente conviver com a ambivalência e aproveitar o momento presente.*

Preocupar-se quanto a tomar a decisão errada: *Você antecipa que vai fazer a escolha errada e que mais tarde vai se arrepender.*

Procrastinar: *Você adia decisões até se sentir pronto, deixando passar oportunidades de seguir em frente ou de romper alguma coisa.*

Cercar as apostas: *Você não rompe o relacionamento porque tem um pé dentro e outro fora.*

Vejamos mais atentamente por que algumas destas estratégias de enfrentamento são problemáticas:

- [ ] *Queixar-se* sobre sua ambivalência vai afastar as pessoas e o manterá preso ao negativo. Como isso pode ajudá-lo?
- [ ] *Colher mais e mais informações* pode fazer sentido inicialmente, mas você também pode ser tendencioso em relação a essas informações – tentando provar seu ponto de vista ou tentando eliminar a ambivalência. Quando você sabe que tem informações suficientes?
- [ ] *Sempre focar no negativo e desqualificar o positivo* pode levá-lo a desconsiderar as coisas boas que já estão a seu alcance.
- [ ] *Buscar reasseguramento* pode funcionar por alguns minutos, mas isso não elimina os sentimentos mistos, já que pode haver boas razões para eles. Reasseguramento não muda a realidade. Mesmo que alguém o assegure de alguma coisa positiva, como: "Você realmente ama essa pessoa", isso não significa que seus sentimentos negativos não retornem. Reasseguramento apenas alimenta a ideia de que você precisa eliminar a ambivalência – em vez de tê-la com você, conviver com ela e normalizá-la.

- *Ruminar* sobre o futuro não elimina a ambivalência, apenas deixa-o deprimido e ansioso, o que torna mais difícil aceitar a ambivalência.

- *Preocupar-se* por receio de tomar a decisão errada pode ser motivado pela crença de que a preocupação o prepara para o pior. Mas você acaba vivendo em um mundo hipotético que pode nunca vir a existir realmente – e é sempre um mundo negativo. De fato, preocupação crônica leva a depressão.

- *Procrastinar* e adiar decisões o mantém paralisado em sua ambivalência e alimenta a ideia perfeccionista de que você não pode tomar decisões se tiver sentimentos mistos. Na verdade, decisões dizem respeito a reconhecer que você tem sentimentos mistos, mas mesmo assim decide dar um passo adiante.

- *Cercar suas apostas* só levará à minimização de sua verdadeira capacidade e sabotará seu potencial. Se você ficar com um pé dentro e outro fora, vai minimizar sua eficácia.

Repetindo, o problema é não aceitar que ambivalência é uma experiência emocional legítima. Você *pode* ter sentimentos mistos sobre alguém ou alguma coisa, e esses sentimentos podem ser uma forma completamente realista e honesta de experimentar as coisas. Isso não é um problema. É uma percepção realista do que está acontecendo.

Então por que não aceitar a ambivalência?

O MITO DA MENTE PURA

As pessoas que acreditam na *mente pura* não conseguem tolerar sentimentos mistos, pensamentos contraditórios, falta de clareza ou emoções desagradáveis e indesejadas. É como se todas as nossas experiências fossem um tipo de mancha na pureza de como, em sua cabeça, as coisas deveriam ser. Você acha que tem de ser claro, consistente e muito bem informado. Não consegue tolerar o ruído, a fluidez da experiência, as informações em constante mudança. Você quer tudo dentro de uma pequena caixa, cuidadosamente embrulhada, tudo claro, conciso e coerente.

Mas a realidade não é assim. Você provavelmente vai notar sentimentos mistos sobre quase tudo que é importante para você: sua parceira, seu melhor amigo, sua casa, seu trabalho, o lugar onde vive, suas crenças políticas e religiosas e o que assiste na televisão. Não existe mente pura, existe apenas um conjunto de experiências, perspectivas e sentimentos em constante mudança. É como se a música mudasse, mas você ainda assim seguisse em frente.

E se você abandonasse o ideal da mente pura? E se aceitasse a contradição, a confusão e algumas partes ilógicas, injustas, pouco claras e incertas da existência? Qual é a recompensa?

A recompensa é que você não tem de ser claro, não tem de saber com certeza, pode aceitar a incompletude e pode se permitir a riqueza que provém da ambivalência. Pode ser mais honesto consigo mesmo e admitir que, na verdade, tem sentimentos mistos às vezes. A recompensa é que nada precisa ser perfeito, não há necessidade de conclusão final, você não tem de chegar ao fundo das coisas e não precisa descobrir como realmente se sente.

Você pode apenas reconhecer honesta e confiantemente: *Acho que tenho sentimentos mistos sobre isso*. E que essa é uma resposta honesta. Essa é *a* resposta. Você tem sentimentos mistos. Caso encerrado.

PERDAS E GANHOS FAZEM PARTE DO PACOTE

Uma das dificuldades que muitas pessoas têm é o que chamamos de "perfeccionismo existencial" – ou seja, a crença de que as coisas importantes na vida devem estar livres de qualquer aspecto negativo. O perfeccionismo existencial quer aquele relacionamento perfeito, o emprego dos sonhos e um lugar para viver perfeito. Esta é a visão utópica – a visão de que existe um nirvana logo ali na esquina. (A propósito, a palavra "utopia" vem do latim, significando "nenhum lugar". Como alguém já disse brincando alguns anos atrás: "Utopia é uma pequena cidade no interior de Nova York, mas não mora mais ninguém lá".)

Quando se trata do mundo real dos relacionamentos, dos empregos e dos lugares para viver, não existe utopia, não existe sonho duradouro ideal, não existe lugar ou pessoa sem algum aspecto negativo. Tudo tem um custo. Tomemos o casamento como exemplo. O casamento tem seus benefícios, mas também tem seus aspectos negativos às vezes. Você e seu parceiro terão discordâncias, você vai perceber que não tem mais aquela liberdade total, que tem que se adaptar a outra pessoa e pode incorrer em custos financeiros que não esperava. Mas talvez o custo valha a pena. Os aspectos positivos podem incluir estabilidade, ter alguém com quem compartilhar as coisas e construir uma vida juntos.

Tudo acaba envolvendo prós e contras. Não existe almoço grátis. Certas coisas fazem parte do pacote. Por exemplo, seu emprego pode ocasionalmente envolver um trabalho monótono e desagradável por longas horas. Mas também pode ser um meio de sustento, de crescimento pessoal e profissional e eventual progresso.

Eu moro na cidade de Nova York, que é cara, barulhenta e populosa. Mas também é uma das melhores cidades para se viver, com museus, pessoas interessantes, ampla variedade de restaurantes étnicos, etc. As trocas envolvem aspectos positivos e negativos.

Tudo tem vantagens e desvantagens. Se você quer se casar, tem de fazer certas concessões. Se quer trabalhar, há coisas das quais não gosta. E, onde quer que more, haverá prós e contras. A questão não é apenas "Qual é o sonho?", mas "Que perdas você está disposto a aceitar em função dos ganhos?".

Não acredite em tudo que você sente **143**

Vamos examinar as perdas e os ganhos que você tem em vários aspectos da vida. No exercício a seguir, liste os exemplos positivos e negativos para cada domínio da vida. Depois quantifique os prós e contras em uma escala percentual até 100%. Por exemplo, você pode avaliar os prós e contras do trabalho divididos equitativamente, 50-50. Mas pode avaliar as amizades como 70-30. Na última coluna, subtraia o negativo do positivo. Por exemplo, se os aspectos positivos do seu relacionamento atual forem 60 e os negativos forem 40, então o positivo-negativo resultante será +20.

Avaliando Perdas e Ganhos

Domínio na vida	Aspectos positivos	%	Aspectos negativos	%	Positivos-negativos
Relação de compromisso					
Estar sozinho					
Amizades					
Trabalho					
Onde moro					
Saúde e forma física					
Outro:					

A maioria das áreas da vida tem aspectos positivos e negativos? O que isso lhe diz?

_____

_____

_____

_____

_____

Como você interpreta o fato de que nada é completamente positivo e nada é completamente negativo?

_____

_____

_____

_____

_____

Quais aspectos positivos e negativos são mais importantes para você?

_____

_____

_____

_____

_____

Quais aspectos negativos você acha que podem melhorar? Como eles podem melhorar?

_____

_____

_____

_____

_____

Outras pessoas também têm esses aspectos positivos e negativos? O que você acha disso? Como elas lidam com isso?

_____

_____

_____

_____

_____

E se pensássemos nas trocas como parte da riqueza e complexidade da vida real? E se pensássemos nelas como coisas que simplesmente fazem parte do pacote?

_____

_____

_____

_____

_____

Tenha em mente que, embora haja certas qualidades em cada domínio da vida que são muito atraentes para você, elas podem vir acompanhadas de características que você pode achar desafiadoras. Por exemplo, Laura se queixava de que seu parceiro, Jeff, não estava sintonizado emocionalmente com ela e que parecia focar demais em ser prático. Quando lhe perguntei o que gostava nele quando começaram a se envolver, ela disse que Jeff era confiável, trabalhador e ponderado. Assim, certas coisas fazem parte do pacote, e o que você não gosta agora pode ser o outro lado da moeda do que gostou (ou vai gostar) em um contexto ou tempo diferente.

A SINFONIA

E se pensássemos nas emoções como notas em uma escala musical? Se não pudéssemos tolerar a ambivalência, então iríamos querer que tudo fosse simples e claro – e a escala musical consistiria de uma nota única repetida indefinidamente. Isso me parece monótono. Mas e se pensássemos em nossos sentimentos como uma sinfonia com movimentos diferentes, notas contrastando umas com as outras, sons se complementando, notas altas e baixas, rápidas e lentas? Agora, sim: isso é música.

Vejamos seus sentimentos mistos em relação aos seus amigos. Sendo honesto consigo mesmo, você sabe que existem coisas neles de que não gosta, aquelas que acha especialmente desagradáveis. No entanto, há muitas coisas de que gosta. Então agora você está consciente da ampla variedade de sentimentos honestos que nutre sobre suas amizades. Imagine que cada um desses sentimentos – positivos, negativos e neutros – seja uma nota diferente, parte diferente da sinfonia. A música é algumas vezes suave, algumas vezes alta, algumas vezes rápida, algumas vezes lenta. Tudo se inclui na experiência maior. Tudo isso é parte da amizade: o bom, o ruim e o neutro. Ouça a sinfonia – todas as notas, todos os movimentos.

Como isso ajudaria se você pensasse nas experiências como sinfonias com muitas notas, sons contrastantes e diferentes movimentos?

_____

_____

_____

_____

_____

Pontos Principais

♦ Veja se você tem dificuldade para aceitar a ambivalência.

♦ Veja se aceita sentimentos mistos em certas áreas de sua vida.

♦ Fique aberto à ideia de que sentimentos mistos se originam da complexidade da vida e não são sinais de que há algo errado que precisa ser reparado.

♦ Veja se a ambivalência torna difícil tolerar os aspectos negativos, se aumenta sua insatisfação geral, se o deixa mais indeciso ou se o deixa arrependido.

♦ Considere que buscar clareza, conclusão final e certeza é uma tarefa impossível.

♦ Talvez a ambivalência não seja o problema. Talvez o problema seja você achar que a ambivalência é o problema.

♦ Não existe mente pura. Nossa mente é mais como um caleidoscópio. Com frequência temos sentimentos conflitantes sobre uma mesma coisa.

♦ Busque o equilíbrio relativo em vez de uma experiência sem perdas e ganhos.

♦ Pense nas experiências como sinfonias: muitas notas, muitos movimentos, muitas mudanças.

CAPÍTULO 9

O que é importante para mim?

Se você é como muitas pessoas, pode perceber que o que o abalou no passado não parece tão importante hoje. Os sentimentos podem mudar no espaço de uma hora, uma semana ou um ano. Por exemplo, você pode ficar extremamente irritado no trânsito, começar a dirigir agressivamente e assustar os passageiros. Mas uma hora depois pode se dar conta de que não valeu a pena ficar tão irritado, que na verdade não tinha muita importância o fato de estar cinco minutos atrasado. Pode até se questionar por que se importou com o que alguém no outro carro pensou de você.

Como vimos nos Capítulos 1 e 2, as emoções frequentemente nos dizem que alguma coisa é muito importante, essencial ou verdadeira. Por exemplo, a solidão nos diz que estar conectado é importante. Mas também aprendemos que outras vezes nossas emoções podem nos enganar – podem fazer parecer importante uma coisa que, na longa jornada da vida, não seja realmente tão importante assim. *O que parece importante agora pode não o ser mais tarde.*

Neste capítulo, você vai compreender o que é verdadeiramente valioso – e importante – para você. Também vai aprender a se direcionar para uma vida pela qual vale a pena lutar. Os exercícios neste capítulo vão lhe proporcionar discernimento e direção, sobretudo para determinar quando suas emoções equivocadamente o estiverem levando a pensar que algo é importante quando, na verdade, é apenas de interesse passageiro. Ter em mente o panorama mais amplo pode ajudá-lo a lidar com as emoções – e, em alguns casos, revelar quais são seus objetivos mais verdadeiros.

Portanto, o que é importante?

OLHANDO RETROSPECTIVAMENTE

Você deve conhecer a história de *A morte de Ivan Ilyich*, de Tolstói. Ivan era um funcionário do governo que sempre procurou ser cumpridor de suas obrigações. Mas então descobre que tem uma doença terminal. Enquanto está deitado em sua cama, Ivan ouve seus familiares e amigos na outra sala cuidando de seus assuntos cotidianos. É como se sua morte fosse uma inconveniência momentânea, e tudo o mais segue em frente. Ele se pergunta, então, qual foi o real significado de sua vida. Realmente amou as pessoas, cresceu de forma significativa, fez de sua vida e da vida de outros uma prioridade?

Muitos anos atrás, eu conversava com um homem que me contou que seu pai morrera havia cinco anos, acometido por uma doença. Perguntei: "Aquele foi um período difícil para você?". Ele disse: "Sim, foi a época mais difícil, aquele ano que cuidei dele. Mas sabe, também foi o melhor ano de minha vida. Nós conseguimos conversar. Eu disse a ele o quanto o amava, e ele me disse o quanto eu era importante para ele. Nós nos aproximamos mais do que nunca. Foi um período triste, mas também foi um momento importante para mim".

Quando as pessoas se aproximam do fim da vida, podem ter medo da morte, de deixar as pessoas para trás e do sofrimento que os outros vão sentir. E os arrependimentos com frequência incluem não ter dito às pessoas que as amavam, dando-se conta do que realmente importa tarde demais. Com frequência elas se arrependem das palavras duras que disseram ou de não estar disponíveis para os filhos. Lamentam não ter perdoado as pessoas.

Um homem me disse que as pessoas deveriam ir mais a funerais. Perguntei o motivo, e ele respondeu: "Fui a um funeral na semana passada. Parece que em minha idade eles são mais frequentes, mas aquilo me fez pensar. As pessoas falaram sobre o que se lembravam daquele homem que morreu. Seus filhos falaram, sua esposa falou, eu falei. E o que eu percebi foi que nos recordamos do toque pessoal, das coisas divertidas que compartilhamos, dos seus atos de gentileza, do seu humor".

Por isso, quero que reflita sobre o que você gostaria que as pessoas dissessem a seu respeito em seu funeral. Como quer ser lembrado? Por que as pessoas vão achar que foi importante conhecê-lo ou tê-lo em suas vidas? Quer que elas se lembrem de você pelo seu sucesso, suas realizações, sua aparência? Pelas coisas que você possui ou pelas coisas sobre as quais estava sempre certo? Quer que elas se lembrem de você por sua gentileza, sua risada, sua habilidade de fazer os outros rirem? Quer que elas se lembrem dos momentos que compartilharam com você, como as animava, como as perdoava quando falhavam, como podiam contar com você?

Sei que é triste pensar sobre o fim, mas todos teremos de enfrentá-lo. A boa notícia é que você pode começar a construir seus valores, qualidades pessoais e conexões com as pessoas com quem se importa para que, a partir de agora até aquele momento no futuro distante, viva segundo os valores que farão sua vida ser valiosa, que valha a pena ser compartilhada.

Imagine que esteja observando seu próprio funeral. O que quer que as pessoas digam sobre você? Por que isso é importante?

_____

_____

_____

_____

_____

Agora que já pensou nas coisas pelas quais quer que as pessoas se lembrem de você, o que pode fazer nesta semana que esteja alinhado com esses valores?

_____

_____

_____

_____

_____

O PODER DA NEGAÇÃO

A maioria de nós às vezes se dá conta de que consideramos muitas coisas como garantidas. Mas algumas vezes essa percepção ocorre tarde demais. Este exercício pode ajudá-lo a esclarecer o que é importante para você e por quê. Está baseado na força da *negação* para afirmar o que é importante. Se retirássemos isso de você, do que sentiria falta?

Retire Tudo

Feche os olhos e imagine que você tenha desaparecido. Você não tem corpo, não tem sentidos, não tem memória, nenhuma posse, nenhum relacionamento. Foi reduzido a nada. Desapareceu.

Agora imagine que pode ter de volta uma coisa de cada vez. Não sabe quantas coisas receberá de volta, mas, para recebê-las, terá de convencer uma força suprema (o que quer que isso signifique para você) de que cada uma delas é importante para você. Você precisa justificar por que é grato, por que a quer de volta, por que precisa dela.

Por enquanto, pense no que iria querer de volta primeiro. Por quê?

A história de Beth

Compartilhei a ideia da negação com Beth, que estava se sentindo desanimada porque seu chefe estava lhe fazendo outra exigência despropositada. Ela estava com raiva, e sua vontade era dizer-lhe umas boas. Fazia sentido que se sentisse assim, mas entrar em luta de poder só pioraria as coisas. Devido à raiva, parecia que o resto da vida havia perdido a importância, a consistência, o significado.

Então, tentamos o exercício da negação, e lhe perguntei o que ela queria de volta. "Acho que a primeira coisa que quero de volta é minha filha, Donna." Por quê? "Porque a amo. Ela é tudo para mim. Sei que tivemos algumas dificuldades, mas ela é realmente o centro de minha vida. Já passamos juntas por muitas coisas."

Respondi: "OK, você já deu sua justificativa, pode ter Donna de volta. O que mais gostaria ter de volta?"

Beth disse: "Quero minha visão. Quero enxergar. Poder ver Donna está no topo de minha lista. Mas também quero ver o céu, as árvores, quero ver meus amigos, quero ver o oceano, a praia."

Eu disse: "Então, há muita coisa para ser vista. O que mais você iria querer de volta?"

"Quero minha audição. Quero ouvir minha filha, quero ouvir sua voz. Quero ouvir música." À medida que Beth examinava cada coisa que queria de volta, seu humor melhorava.

Eu disse: "Sabe, não perguntei nada relacionado ao trabalho, nada sobre dinheiro, nada sobre posses. O que você acha disso?"

Beth então se deu conta de que essas coisas – trabalho, dinheiro, posses – não eram as mais importantes em sua vida.

Quando estamos incomodados com alguma coisa, quando estamos com raiva, não notamos as coisas que são verdadeiramente importantes. Na verdade, as coisas mais importantes para a maioria de nós estão geralmente à nossa frente quase todos os dias. Precisamos apenas notá-las.

Imagine que tudo lhe foi retirado e que você não é nada. Não existe mais. Mas você pode receber de volta uma coisa de cada vez. Você não sabe quantas coisas poderá recuperar, mas, para reobter alguma delas, precisa justificar de forma convincente por que ela é importante para você, por que a valoriza. O que você quer de volta e por que isso é importante para você? Nomeie cinco coisas e escreva por que cada uma delas é importante para você.

\
\
\
\
\
\
\
\
\

No passado, você já ficou incomodado com coisas que aconteceram ou com as quais se preocupava. Alguma dessas coisas estava na lista do que você queria recuperar? Por que sim ou por que não?

\
\
\
\
\

TORNE-SE A PESSOA QUE VOCÊ ADMIRA

Os gregos antigos descreveram "florescimento" como a chave para uma vida satisfatória. Florescimento significava uma sensação de felicidade e realização por viver de acordo com valores. Aristóteles descreveu certas qualidades do caráter como fontes da felicidade e do florescimento e sugeriu que nos sentiríamos mais conectados com a sabedoria se encontrássemos o equilíbrio entre esses valores (ele os chamava de virtudes). Tais valores incluíam coragem, autenticidade, paciência, modéstia, amizade e outras qualidades. Aristóteles propôs que o *equilíbrio* apropriado de cada qualidade era o que constituía o nível certo. Por exemplo, coragem em excesso constituía temeridade, enquanto muito pouca coragem era covardia. Paciência em excesso significava falta de espírito ou energia, enquanto pouca paciência levava facilmente ao incômodo. Modéstia em excesso significava timidez, enquanto muito pouca modéstia equivalia a falta de vergonha.

As virtudes no cristianismo incluem caridade, diligência, paciência, gentileza e humildade, e no hinduísmo encontramos libertação da raiva, controle dos sentidos, não roubar e confiabilidade. O budismo reconhece gentileza amorosa, compaixão, alegria pelos outros e pelo *self* e tratar todos os seres igualmente. Você pode ter suas próprias preferências de valores e virtudes.

Uma forma de identificar valores e virtudes é imaginar o tipo de pessoa que admira. Você admira alguém hostil, raivoso, vingativo ou traiçoeiro? Ou admira alguém flexível, agradável, complacente ou honesto? Você admira gentileza e consideração? Podemos pensar nos valores que queremos para nós como aquelas qualidades que admiramos em outra pessoa. E podemos direcionar nosso comportamento – tanto quanto possível – para nos transformarmos na pessoa que admiramos.

Escolher comportamentos guiados por valores pode significar que nem sempre você concorda com o que outras pessoas fazem; por exemplo, se valoriza a justiça para pessoas menos afortunadas, então pode não tolerar ouvir alguém fazer uma piada racista. Pode significar que você nem sempre age segundo suas emoções imediatas e poderosas; por exemplo, se valoriza o compromisso com um parceiro, então pode não querer ficar com outra pessoa por uma noite. Pode significar que você se importa em praticar autocontrole (temperança), gentileza, perdão e compaixão em relação a outras pessoas e a si mesmo – se estes forem seus valores.

Pense em algumas qualidades que admira em outras pessoas. Verifique se essas características estão listadas na coluna da esquerda; se não estiverem, fique à vontade para adicioná-las. Na segunda coluna, use uma escala de 0 a 6 para indicar o quanto esse valor é importante para você. Na coluna da direita, indique o quanto acha que está atingindo esse valor em sua vida, usando uma escala acadêmica de A a F, em que A corresponde a excelente e F corresponde a reprovado. Estamos interessados no que importa para você e no quanto vive de acordo com objetivos e valores. Não existem escores ou pontos de corte. Trata-se de definir objetivos e atingi-los. Você está levando uma vida consistente com seus valores e atingindo os objetivos?

Que Valores São Importantes para Mim?

Escala:

1 = absolutamente sem importância
2 = um pouco sem importância
3 = levemente sem importância
4 = levemente importante
5 = um pouco importante
6 = muito importante

Valor	O quanto isso é importante para mim? (escala de 0-6)	Como estou me saindo? (escala de A a F)
Coragem		
Confiabilidade		
Paciência		
Modéstia		
Caridade		
Diligência		
Gentileza		
Humildade		
Livre de raiva		

Valor	O quanto isto é importante para mim? (escala de 0-6)	Como estou me saindo? (escala de A a F)
Controle sobre meus sentidos		
Respeito pela propriedade e pelos direitos dos outros		
Alegria pelos outros		
Compaixão		
Tratar os outros igualmente		
Outro:		
Outro:		
Outro:		

Como você está se saindo em relação a viver de acordo com seus valores mais importantes? Como sua vida seria diferente se fizesse deles uma prioridade real diariamente? Se alguma coisa é importante para você – por exemplo, ser um bom amigo –, mas seu escore é baixo (p. ex., você se atribui um D), pense no que pode fazer para melhorar e viver de acordo com esse valor. Por exemplo, como poderia ser um amigo melhor?

Vejamos Ron, que com frequência se irrita com sua esposa, Beverly. Ron foi dominado pela raiva, causando conflitos significativos com Beverly. Ele mergulha na tristeza culpada e sente que está arruinando seu relacionamento. Depois que preencheu a folha de exercícios "Que valores são importantes para mim?", ele percebeu que queria desenvolver mais paciência, gentileza, ausência da raiva e compaixão. Queria estar mais alinhado com esses valores quando lidasse não só com Beverly, mas também com seus dois filhos, o irmão e as pessoas com quem trabalha.

Usando o exercício a seguir, "Ações consistentes com meus valores", Ron monitorou suas ações positivas durante uma semana. Por exemplo, esperou pacientemente enquanto Beverly falava sobre seu dia, demonstrou gentileza e compaixão quando ela lhe contou sobre as desavenças com a mãe dela e evitou criticá-la. Também teve paciência com uma de suas colegas, demonstrando gentileza ao dizer-lhe que sabia que ela estava se esforçando e que algumas vezes as coisas levam algum tempo. Ele ajudou uma mulher idosa a atravessar a rua e lhe desejou bom dia. À medida que Ron focava mais nas virtudes, nos valores e nos pontos fortes que eram importantes para ele, começou a se sentir menos irritável. Percebeu que estava a caminho de se transformar na pessoa que admirava.

Cada dia é uma oportunidade para seguir na direção certa. Então vamos praticar agora e durante os próximos dias! Use o exercício a seguir para anotar as ações específicas que você adotou a cada dia para viver de acordo com seus valores. Na primeira coluna, liste todos os valores, as virtudes ou os pontos fortes importantes para você; se precisar de ajuda, consulte aqueles que avaliou como 5 ou 6 no exercício "Que valores são importantes para mim?". Nas outras colunas, anote as ações que você realizou em dois dias distintos. Faça uma cópia desse exercício ou faça o _download_ no _link_ do livro em www.loja.grupoa.com.br, para estender esse exercício por mais dias.

Ações Consistentes com Meus Valores

Valores importantes	Data: _____ Ações que realizei hoje	Data: _____ Ações que realizei hoje

Como se sentiria se fizesse mais coisas, com mais frequência, que fossem consistentes com os valores importantes para você? Como sua vida seria melhor?

_____

_____

_____

_____

_____

O que o impede de agir de acordo com seus valores?

_____

_____

_____

_____

_____

O que você pode fazer de forma diferente nesta semana para que seu comportamento seja mais consistente com seus valores?

_____

_____

_____

_____

_____

VALORES E OS PAPÉIS QUE DESEMPENHAMOS

Todos desempenhamos diferentes papéis em nossas vidas. Podemos ser mãe, irmã, irmão, pai, marido, esposa, parceiro, filho, filha, amigo, cuidador, empregado, chefe, vizinho, membro de uma comunidade religiosa, dono de um animal de estimação, voluntário ou algum outro papel. Alguns desses papéis são mais importantes para nós do que outros. Muitos papéis envolvem outras pessoas, e é por isso que algumas vezes temos dificuldades em nossos relacionamentos.

Então, como isso funcionaria se o seu objetivo, com base em seus valores, fosse ser um parceiro melhor? Vejamos a lista de metas de Ron para ser um marido melhor:

- Não criticar.
- Não rotular.
- Tentar ver o ponto de vista dela.
- Ser mais paciente.
- Elogiá-la mais.
- Ser complacente.
- Abrir mão dos ressentimentos.
- Planejar algumas coisas divertidas.
- Demonstrar afeição.
- Reconhecer.

Podemos elaborar uma lista de ações para melhorar em nossos papéis também em outros domínios da vida. O objetivo é focar em comportamentos consistentes com nossos valores a fim de nos tornarmos a pessoa que admiramos. Agora é sua vez de ver como pode se comprometer com a ação que valoriza.

Pense nos diferentes papéis que desempenha em sua vida. No exercício a seguir, revise os vários papéis comuns; se não encontrar algum papel na lista, acrescente. Em seguida, liste as ações valorizadas que pode fazer nesta semana para tornar-se melhor no papel escolhido. Por exemplo, ao lado do papel de amigo, você pode anotar que fará contato com um amigo, perguntará a ele como vai, irá elogiá-lo e depois combinará algo divertido para fazerem juntos. Então, depois de uma semana, retorne a esse mesmo exercício e, na terceira coluna, registre se conseguiu cumprir a ação valorizada. De qualquer maneira, continue focado em agir na direção dos seus objetivos valorizados diariamente.

Ações Valorizadas para Papéis Importantes

Papéis importantes para mim	Ações valorizadas em direção aos meus objetivos	Como me saí?
Namorado(a)		
Pai ou mãe		
Irmã(ão)		
Filho(a)		
Empregado		
Colega		
Vizinho(a)		
Voluntário(a)		
Outro:		
Outro:		

Pontos Principais

♦ Seus valores são importantes para você e determinam suas emoções.

♦ Pense no que você gostaria que as pessoas falassem sobre você em seu funeral. Depois tente se tornar a pessoa que elas descrevem.

♦ Imagine que tudo tenha sido retirado de você, mas que poderá recuperar uma coisa de cada vez se tiver uma boa justificativa. Pense no que você iria querer de volta e no quanto valoriza isso.

♦ Foque em se tornar a pessoa que você admira.

♦ Considere os diferentes papéis que você desempenha e como pode incluir a ação valorizada em cada um.

♦ Pratique diariamente a ação que valoriza.

CAPÍTULO **10**

As piores formas de lidar com as coisas

Quando nos sentimos sobrecarregados por sentimentos intensos, com frequência agimos ou pensamos impulsivamente e voltamos a velhos hábitos, comportamentos problemáticos e estratégias autodestrutivas. Neste capítulo, revisaremos as estratégias problemáticas de enfrentamento mais comuns e examinaremos as vantagens e as desvantagens de cada uma delas. Você aprenderá a escolher aquilo que considera ser do seu melhor interesse em longo prazo.

ESTRATÉGIAS DE ENFRENTAMENTO PROBLEMÁTICAS

Seu objetivo é construir uma vida que valha a pena. Uma vida longa, plena e que vá além deste momento. O objetivo não é se sentir melhor pelos próximos cinco minutos. É sentir-se melhor pelos próximos cinco anos. O longo prazo é mais importante do que o curto prazo. Construir essa vida significa identificar e mudar as formas inúteis que você usa para lidar com as coisas. Algumas vezes não é fácil, mas o objetivo é realizar as coisas difíceis agora a fim de tornar a vida mais fácil no futuro.

Então, vamos começar.

Álcool e drogas

Existe um velho ditado que diz: "Não existe problema que beber não piore". Isso também se aplica às drogas. Nunca vi alguém cujo objetivo fosse ter problemas com álcool ou drogas. Você já? Tendemos a ter grande confiança na ideia de que conseguiremos lidar com as coisas – especialmente se elas nos fazem sentir melhor nos próximos cinco minutos. Mas algumas coisas podem sair do controle e nos privar de uma vida valiosa.

Quais são os sinais de que o uso de álcool ou droga é um problema? O National Institute of Alcoholism and Alcohol Abuse recomenda que sejam feitas as seguintes perguntas para avaliar se você (ou uma pessoa que ama) pode ter transtorno por uso de álcool. As mesmas perguntas podem ser adaptadas para abuso de droga.

No último ano você:

- ☐ Teve vezes em que acabou bebendo mais ou por mais tempo do que pretendia?
- ☐ Mais de uma vez quis, ou tentou, reduzir o consumo de álcool ou parar de beber, mas não conseguiu?
- ☐ Passou muito tempo bebendo? Ou ficou enjoado ou teve de se recuperar dos efeitos adversos?
- ☐ Experimentou fissura – uma forte necessidade ou urgência de beber?
- ☐ Achou que beber – ou ficar enjoado por beber – frequentemente interferia nos cuidados com sua casa ou sua família? Ou causou problemas profissionais? Ou problemas acadêmicos?
- ☐ Continuou a beber mesmo que isso estivesse causando problemas para sua família ou amigos?
- ☐ Abandonou ou reduziu atividades importantes ou interessantes para você, ou que lhe davam prazer, para beber?
- ☐ Mais de uma vez se envolveu em atividades enquanto bebia ou depois de beber que aumentaram as chances de se ferir (como dirigir, nadar, utilizar equipamentos, andar em área perigosa ou fazer sexo sem segurança)?
- ☐ Continuou a beber mesmo que isso o deixasse deprimido ou ansioso ou aumentasse outros problemas de saúde? Ou depois de ter tido um apagão de memória?
- ☐ Teve que beber muito mais do que antes para obter o efeito que desejava? Ou descobriu que seu número habitual de drinques tinha muito menos efeito do que antes?
- ☐ Descobriu que, quando os efeitos do álcool estavam passando, tinha sintomas de abstinência, como problemas para dormir, tremores, irritabilidade, ansiedade, depressão, agitação, náusea, transpiração? Ou viu coisas que não existiam?

Abuso e dependência de álcool e drogas são problemas significativos para muitas pessoas com dificuldades emocionais. É fácil minimizar o problema e se convencer de que você tem tudo sob controle. Não estou dizendo que as pessoas precisam se abster – embora algumas realmente precisem. Porém, é essencial avaliar como você usa o álcool e outras drogas para lidar com seus estados de humor. Tenha em mente que o álcool é um depressor do sistema nervoso central, ou seja, em longo prazo, provavelmente você ficará deprimido e mais ansioso.

Muitas pessoas se percebem controladas pela parte dependente do cérebro, que envia mensagens de fissura, precisando de um drinque e minimizando o problema. Reflita sobre seus *pensamentos permissivos* sobre álcool e drogas. É possível que diga a si mesmo: "Posso aguentar outro drinque", "Há pessoas em situações piores que a minha", "Mereço isso porque tive um dia ruim" ou "Só quero comemorar por ter tido um dia bom". Mas, se você tem um problema com bebida e dá ouvidos aos pensamentos permissivos, então acabará reforçando o problema. Sua "solução" agora se torna o problema.

Está além do escopo deste livro ajudá-lo a tratar seu problema com o abuso de álcool ou drogas. Se acha que pode ter um problema de adição, procure a ajuda de um profissional qualificado. Milhões de pessoas abandonam a bebida e as drogas para lidar melhor com as emoções. E elas conseguem suas vidas de volta – um dia de cada vez.

Compulsão alimentar

Os transtornos alimentares deveriam ser chamados de "transtornos alimentares emocionais", já que frequentemente envolvem comportamentos problemáticos para lidar com as emoções. Se você se sente ansioso e solitário, poderá se dar conta de que come compulsivamente doces, carboidratos ou qualquer coisa que esteja disponível e que o preencha. Você está recheando esses sentimentos, distraindo a atenção de suas emoções e acrescentando outro problema. Pode ter sua compulsão seguida de purgação – vômitos, uso de laxativos ou mesmo exercício em excesso.

Você pode aprender mais sobre como lidar com compulsão alimentar e purgação lendo o excelente guia escrito por Christopher Fairburn (2013), *Overcoming binge eating: the proven program to learn why you binge and how you can stop.** Também pode procurar a ajuda de um terapeuta especializado em terapia cognitivo-comportamental para transtornos alimentares.

Queixas

Uma característica comum do ser humano é queixar-se. Costumamos nos queixar do tempo, do chefe, dos amigos ou de qualquer coisa ruim que nos aconteça. E também nos queixamos de coisas que não acontecem conosco. Por exemplo, queixamo-nos do que assistimos na televisão, do que lemos *on-line* ou do que ficamos sabendo que as pessoas fizeram.

A queixa pode nos ajudar a descobrir que os outros concordam conosco, que nossas percepções e sentimentos são validados e que nossos sentimentos fazem sentido. E a queixa pode até mesmo nos ajudar a perceber que temos ligação com outras pessoas quando nos alternamos para ouvir as queixas delas.

---

* N. de T.: Livro não publicado no Brasil.

Mas as queixas também podem se transformar em ruminação que podemos inadvertidamente despejar sobre os amigos e a família. Esse tipo de foco negativo e persistente pode inicialmente levar a comentários de apoio, como "Tudo vai melhorar" ou "Sei como você se sente" ou "Talvez você possa tentar isto ou aquilo". No entanto, a queixa crônica pode nos levar a rejeitar comentários de apoio. Por exemplo, Rachel se queixou do irmão, que se queixou para ela sobre o relacionamento dele com a esposa. Quando sugeri que talvez o casamento fosse difícil para ele e que poderia estar deprimido, Rachel ficou zangada comigo, dizendo: "Você não entende como é ter que ouvi-lo!". Algumas vezes as queixas levam à *rejeição da ajuda*, quando apontamos coisas negativas e então ficamos zangados quando o ouvinte tenta ser prestativo.

Ficamos tão focados nas coisas negativas que nos acontecem – ou no que pensamos sobre elas – que simplesmente não conseguimos parar. A outra pessoa tenta dar apoio, mas rejeitamos seus conselhos ou ajuda. Ela, então, acha que não queremos escutar seu ponto de vista e começa a se afastar. Assim, ficamos deprimidos porque nossa rede de apoio se desfaz. Esse padrão de queixa, rejeição da ajuda e afastamento do apoio social é um preditor importante de depressão (Joiner, Brown, & Kistner, 2006).

Obter apoio e fazer as pessoas ouvirem o que você diz pode ser um equilíbrio difícil de encontrar, já que você não quer ser dominado pela negatividade quando está com os amigos. Mas é importante ser capaz de compartilhar os sentimentos – mesmo as queixas. Estas são algumas diretrizes sobre como compartilhar os sentimentos sem afastar as pessoas:

- **Edite o que você diz.** Não se estenda. Caso contrário, a outra pessoa pode se sentir sobrecarregada e começar a se afastar. Limite o que diz a pequenos pedaços – dois minutos de cada vez, no máximo. Isso dará à outra pessoa a chance de participar do diálogo.
- **Dê à outra pessoa uma chance de falar.** Não a interrompa, não fale enquanto ela estiver falando.
- **Não ataque o ouvinte.** Se quiser compartilhar os sentimentos com alguém, você tem de permitir que a pessoa concorde ou discorde. Se atacar quem o apoia, você comprometerá esse apoio.
- **Valide o validador.** Permita que ele saiba que você valoriza seu apoio. Você pode dizer: "Sei que estou me queixando" ou "Sei que isso pode soar negativo às vezes" e acrescentar: "Mas quero que você saiba que valorizo o seu apoio e sei que nem sempre é fácil apoiar alguém".
- **Compartilhe as coisas positivas, assim como as negativas.** Não foque apenas nas coisas negativas. Isso leva a duas coisas: rompe o fluxo de negatividade para que você não pareça consistentemente negativo e o faz pensar no positivo e colocar as coisas em perspectiva.
- **Traga uma solução quando descrever um problema.** Por exemplo, se você se queixa de solidão, também pode acrescentar que está se inscrevendo em ativida-

des com outras pessoas. Isso o coloca no modo de resolução de problemas, não apenas no modo de queixas.

- **Não pareça ser seu pior inimigo.** Evite a autocrítica contínua, já que ela só irá se somar à baixa autoestima. Em vez de fazer afirmações gerais negativas sobre si mesmo ("Sou um perdedor"), você pode fazer afirmações específicas sobre um erro e, então, sobre o que aprendeu com ele ("Fiz a má escolha de passar algum tempo com ele, mas acho que aprendi alguma coisa sobre o que é bom para mim e o que não é.").
- **Respeite o conselho dado.** Respeite o que as pessoas dizem, mesmo quando não gosta. Você pode dizer: "Vou pensar sobre o que disse, pois neste momento não estou certo se isso funciona para mim, então preciso recuar e dar um tempo. Mas agradeço o apoio porque sei que você está tentando ajudar".

Busca de reasseguramento

O apoio social frequentemente pode ser um ótimo caminho para reduzirmos o estresse. Considere-se uma pessoa de sorte se tem alguém para validá-lo, ouvir seus pensamentos e sentimentos e ajudá-lo a colocar as coisas em perspectiva. Porém, algumas vezes, o apoio social pode levar a queixas excessivas, como quando você começa a falar sobre alguma coisa que pode acontecer ou que aconteceu e, então, se estende indefinidamente.

Outra forma pela qual a busca de reasseguramento pode ser problemática é se você continuamente buscar os outros para perguntar: "Eu vou ficar bem?" ou "Devo fazer isto ou aquilo?". Fazer isso com muita frequência pode minar a sua capacidade para tomar decisões. Por exemplo, Carlos, que estava com medo de contaminação (tinha transtorno obsessivo-compulsivo), me perguntou se ficaria bem se tocasse vários objetos. A busca de reasseguramento se transformou em outra compulsão. Ele achava que não poderia fazer essas coisas sem que eu lhe dissesse que ficaria bem. Falei que superar o medo de contaminação envolvia não obter reasseguramento constantemente. Ele teria de tomar a própria decisão, enfrentar seus medos e aceitar a incerteza da contaminação.

Você provavelmente percebe que o reasseguramento vindo de outra pessoa não resolve realmente seu problema. E provavelmente sabe que sempre pode minimizar o reasseguramento com base no fato de que a outra pessoa não sabe mais do que você o que vai funcionar ou o que vai acontecer. Não é de reasseguramento que você precisa, é da disposição para fazer coisas desconfortáveis e tomar decisões difíceis. É enfrentar a incerteza necessária.

Seja honesto consigo mesmo e pergunte se estaria melhor se reduzisse o grau em que busca reasseguramento. Você simplesmente precisa encontrar o equilíbrio.

Esquiva de situações desconfortáveis

Uma das características da ansiedade e da depressão é que frequentemente evitamos pessoas, lugares e coisas que nos deixam desconfortáveis. Algumas vezes isso faz sentido – por exemplo, se você não precisa interagir com uma pessoa hostil ou abusiva, é melhor evitá-la. Ou se está tentando parar de beber, e seus amigos querem levá-lo a um bar onde vão ficar bêbados, pode ser melhor rejeitar o convite. A evitação pode ser seletiva e adaptativa, portanto você precisa pensar em fazer escolhas que sejam do seu melhor interesse.

Entretanto, nem sempre podemos evitar situações que nos deixam desconfortáveis. Por exemplo, se você estiver na escola ou no trabalho, não pode evitar com facilidade o encontro com pessoas que lhe provocam fortes reações emocionais. Você não pode, também, evitar facilmente notícias incômodas na mídia. E nem sempre pode evitar situações imprevisíveis ou estímulos que despertam sentimentos fortes, como ouvir uma música em um restaurante que o faça lembrar de uma experiência traumática do passado.

O problema com a evitação é que mantemos o medo daquilo que nos incomoda. Não sabemos quando uma coisa é segura ou que podemos fazer coisas difíceis e ainda assim sobreviver. Como usamos evitação para obter "segurança", nunca nos sentimos realmente seguros em certas situações. Nunca aprendemos que podemos tolerar emoções e situações difíceis e que *podemos* sobreviver. Quando evitamos e ficamos na defensiva, nosso mundo vai ficando cada vez menor.

Pense na evitação como andar de bicicleta com as rodinhas auxiliares durante a vida inteira. Você jamais vai aprender que não precisa de rodas extras.

Você *vai* precisar enfrentar lembranças doloridas, sentimentos desagradáveis e pessoas difíceis. Não pode viver dentro de um casulo. A vida continua a vir até você, e nem sempre é possível escapar.

Então, qual é a resposta? *Você tem que passar por isso para que isso passe.*

A história de Eloise

Eloise me disse que estava no prédio que foi atingido por um dos aviões em 11 de setembro. Ela saiu correndo do edifício, achando que ia morrer a qualquer segundo. Seu trauma era real, e seus sentimentos faziam sentido. Em seguida, ela começou a ter medo de qualquer avião e temia entrar no metrô porque se preocupava com outro ataque. Eloise acordava aterrorizada por pesadelos com o desastre que lhe pareciam reais. Passou, então, a organizar sua vida em torno da evitação, bebendo para acalmar a dor e evitando sair. À medida que ficava mais deprimida, sua ansiedade parecia ser desencadeada mais facilmente por imagens, sons, pessoas e eventos corriqueiros.

Trabalhamos por vários meses na ampliação da sua capacidade de enfrentar as experiências e lembranças que evitava. Começamos com Eloise formando uma imagem do avião voando. Sua ansiedade aumentou, e ela sentiu mais medo, mas, quando permanecemos com a imagem por algum tempo, a ansiedade diminuiu. Eloise se sentiu segura em meu consultório. Então pedi que ela formasse uma imagem do avião voando lentamente para os lados e imaginasse que controlava o movimento dele. Ela o imaginou voando para trás, lentamente, e depois subindo e descendo. Isso lhe deu a sensação de controle, e sua ansiedade começou a diminuir.

Listamos inúmeras situações que a deixavam ansiosa – o metrô, andar na rua quando havia um avião sobrevoando –, e durante algumas semanas ela começou a se arriscar mais. Cada desafio deixava Eloise ansiosa, mas, quando enfrentava seus medos, a ansiedade diminuía. Mesmo quando a ansiedade não diminuía tão rapidamente quanto gostaria, pelo menos ela se sentia mais capaz por ter enfrentado os medos. Seu sono melhorou, e ela reduziu a bebida, começou a ver os amigos com mais frequência e, por fim, foi até onde os prédios haviam sido implodidos e andou em torno da área por 30 minutos. Aquilo foi difícil. Ela inicialmente não achava que conseguiria fazê-lo, mas conseguiu.

Eloise sentiu medo, enfrentou-o e passou por ele, deixando-o no passado.

O que você está evitando?

Pense nas situações, nas pessoas e nos lugares que você evita atualmente. Sim, isso é difícil porque você não suporta pensar neles. Eles o fazem se sentir muito mal. Talvez seja a lembrança de um relacionamento passado, a recordação de alguém criticando você, a perda de alguém que amava. Você diz: "Não posso pensar nisso, é muito perturbador". Então, elimina isso de sua vida.

Kevin evitava ir à parte do *campus* da universidade onde havia passado muito tempo com Linda antes de romperem o relacionamento. Como resultado de sua evitação, ele se afastou dos amigos e da lembrança de seu relacionamento. Perguntei-lhe sobre os pensamentos que teve quando pensou em voltar àquele lugar. Kevin disse tristemente: "Lembro que parecíamos tão felizes, e então acabou. Eu me senti muito deprimido".

E o que o rompimento significou para ele? Kevin fez uma pausa e refletiu: "Eu jamais poderia ser feliz de novo sem Linda". Exploramos essa crença de que Linda poderia ser a única fonte de sua felicidade, e Kevin começou a perceber que havia sido muito feliz antes dela e que ele e Linda tinham muitas dificuldades. De fato, houve vezes em que chegou a pensar em romper com ela.

Usando o exercício a seguir, liste algumas pessoas, lugares, lembranças e situações que você evita atualmente. Na segunda coluna, descreva o que realmente aconteceu que torna difícil o enfrentamento. Na terceira coluna, liste os pensamentos que tornam essas experiências tão difíceis.

Enfrentando a Evitação

O que você evita?	Por quê? O que aconteceu?	Que pensamentos perturbadores você tem?
Pessoas		
Lugares		
Lembranças		
Situações		
Outro:		

Desenvolva um plano para gradualmente confrontar situações e pessoas que você tem evitado. Comece imaginando que está na presença das pessoas ou nos lugares que evita. Imagine que os está tolerando. Então, se possível, você pode começar a exposição às situações – gradualmente, lentamente, talvez não completamente. Pode se aproximar, se afastar, tentar de novo por várias vezes. Pode ver se consegue tolerar o que parece difícil e desagradável.

Experimentei exercícios de exposição com Kevin, que vinha evitando os lugares que o faziam se lembrar de Linda. Ele começou com a imaginação – tolerando na mente sua própria imagem no prédio onde haviam estado juntos. Isso trouxe de volta sentimentos tristes e ansiosos. Mas, quando repetiu o exercício e, por fim, foi fisicamente até a área onde haviam ficado juntos, ele percebeu que a onda de sentimentos desconfortáveis passara, que conseguia atravessar a situação, deixá-la para trás – mesmo sendo difícil. Ele descobriu que valia a pena se expor.

Aquilo foi como ter de volta parte de sua vida.

Ruminação e preocupação

Uma resposta comum a emoções difíceis é ruminar os aspectos negativos. Ruminação é o foco contínuo nos pensamentos negativos até o ponto em que parece que eles nunca desaparecem. Não é simplesmente a ocorrência de um pensamento negativo, já que isso pode ser um evento momentâneo que você consegue deixar passar. Não, ruminação é a persistência do pensamento negativo – como um visitante desagradável que surge de repente e parece que nunca vai embora. As pessoas que tendem à ruminação têm maior probabilidade de ficar e de se manterem deprimidas. Infelizmente, as mulheres têm muito mais probabilidade de ruminar do que os homens (Nolen-Hoeksema, Parker, & Larson, 1994; Papageorgiou & Wells, 2001a, 2001b; Well & Papageorgiou, 2004).

Então, por que ruminamos e nos preocupamos? O que esperamos ganhar quando ruminamos sobre alguma coisa?

Há inúmeras "razões muito boas" que você pode ter para ruminar e se preocupar:

- Você pode pensar que não tem escolha – simplesmente o pensamento aparece em sua cabeça, e é dada a partida. Você é sequestrado. Experimenta a ruminação como uma onda mental que rebenta em você e o carrega.
- Pode pensar que vai ter uma resposta para a pergunta ("Por que isso está acontecendo comigo?" ou "Por que ela disse aquilo?") e que isso vai reduzir a incerteza que não consegue tolerar.
- Pode pensar que a ruminação vai ajudá-lo a resolver o problema – de forma que essas coisas ruins não aconteçam e você se livre da ruminação para sempre – ou, pelo menos, por algum tempo.
- Pode pensar que a ruminação vai motivá-lo, mantê-lo alerta e deixá-lo inspirado para fazer as coisas melhor.
- Pode pensar que precisa ser responsável o tempo todo. Você acredita que, se alguma coisa ruim acontece em sua imaginação, então tem a responsabilidade de lidar com ela. Por exemplo, se pensa que alguma coisa ruim pode acontecer a seu filho, poderá achar que tem a responsabilidade de se preocupar com isso para garantir que não aconteça.

- Pode pensar que, ao se preocupar, não poderá ser surpreendido – estará preparado para o pior, pois já ensaiou e, por isso, não será pego de surpresa.

Vamos examinar essas "razões muito boas" para ruminar sobre as coisas negativas e ver se existe alternativa. Vamos considerar o "sequestro mental" – a crença de que um pensamento intrusivo necessariamente tem de arrastar você. Imagine que esteja no trabalho e rumine sobre um pensamento negativo. Seu chefe o interrompe, dizendo: "Precisamos falar sobre este projeto em que estamos trabalhando". Você, por acaso, diz: "Sinto muito, não posso falar com você agora porque estou ocupado me preocupando com alguma coisa no futuro"? É claro que não. Você se permite ser interrompido. E as interrupções frequentemente o afastam de sua preocupação, e você não se incomoda em retomá-la.

E se intencionalmente você interrompesse a preocupação e marcasse um encontro com ela? Vamos chamar isso de "hora da preocupação". Um momento específico em que você vai direcionar as preocupações e ruminações que teve em outros momentos do dia ou da noite. Experimente isso por 15 minutos durante o dia no horário que for melhor para você.

A hora da preocupação permite que você escape do sequestro de seus pensamentos intrusivos, prossiga com sua vida em alguns aspectos positivos e volte às preocupações em um momento em que realmente ficará focado nelas. Entretanto, muitos de meus clientes dizem: "Isso é impossível – eu não tenho controle!". Mas descobri que quase todos são capazes – para sua surpresa – de deixar algumas preocupações para depois, o que libera muito tempo para tocarem suas vidas.

Então, a que hora do dia durante a próxima semana você pode reservar 15 minutos para focar em suas preocupações? Marque um horário: _____. Então faça uma cópia do exercício a seguir (ou faça *download* no *link* do livro em www.loja.grupoa.com.br) e o preencha todos os dias durante a próxima semana.

Hora da Preocupação

Sempre que você tiver uma preocupação, registre-a aqui e deixe-a reservada para a hora da preocupação. Você pode dizer: "OK, esta é uma preocupação e vou retomá-la mais tarde".

Preocupação 1: _____

_____

Preocupação 2: _____

_____

Preocupação 3: _____

_____

Preocupação 4: _____

_____

Preocupação 5: _____

_____

Durante a hora da preocupação, ajuste o cronômetro para 15 minutos. Depois examine sua lista de preocupações do dia, começando pela primeira.

Como você se sente sobre a preocupação agora? Ela o incomoda da mesma forma? Por que sim ou por que não?

_____

_____

_____

_____

É produtivo para você se preocupar com isso agora? Estar preocupado leva a alguma coisa que você possa fazer hoje no sentido de progredir naquilo com que se preocupa? Especificamente, o que pode fazer?

_____

_____

_____

_____

Ou será improdutivo se preocupar com isso neste momento? Isto é, há alguma coisa que você possa fazer hoje para avançar na solução desse problema? Sim ou não?

_____

_____

Se ruminar sobre esse assunto for improdutivo, quais seriam as vantagens de aceitar a incerteza neste momento? Quais seriam as desvantagens? Especifique.

Vantagens: _____

_____

_____

Desvantagens: _____

_____

_____

Que limitações você poderia aceitar neste momento?

_____

_____

_____

Culpar outras pessoas

Frequentemente nos percebemos ruminando nossa raiva e nosso ressentimento e culpando outras pessoas por nossos sentimentos. Alguma destas afirmações lhe parece familiar? "A razão de minha raiva é que meu parceiro não me ouve", "O motivo pelo qual bebo é que meu parceiro é muito crítico" ou "A razão de minha depressão é que meus pais não me amavam".

Certamente, é verdade que outras pessoas com frequência fazem parte do problema. O modo como nossos pais nos tratavam – especialmente como respondiam aos nossos sentimentos quando éramos crianças – é parte importante de como somos hoje. E se sua parceira ou seus amigos íntimos o tratam mal, você tem a percepção legítima de que conflitos, mal-entendidos e críticas podem fazer parte de sua dificuldade. Mas até que ponto e por quanto tempo você vai manter as acusações? Você é dominado pela crença de que suas dificuldades emocionais são inteiramente causadas por outras pessoas?

Com frequência vejo maridos procurarem terapia porque as esposas lhes dizem que eles têm de buscar ajuda para sua raiva. Raramente esse tipo de cliente diz: "Eu tenho um problema com a raiva". O que diz de fato é: "Minha esposa me deixa com raiva". Eis o que realmente diria: "Ela é que tem o problema, por que não está aqui? Não quero e não preciso estar aqui". Esta é uma versão de "o problema é meu parceiro", o que é um bom preditor de manutenção do conflito.

O problema de culparmos outras pessoas por nossos sentimentos é que isso nos leva a acreditar que não podemos fazer nada para mudar o que sentimos. Achamos que a mudança depende dos outros, e, é claro, eles estão completamente fora do nosso controle. Geralmente não podemos mudar os outros, não podemos mudar o que já passou e não podemos fazer nossos pais retirarem o que disseram ou fizeram no passado. Portanto, embora culpar os outros possa nos dar a impressão de que estamos certos – de que somos moralmente detentores da verdade –, isso só nos faz sentir que não há nada que possamos fazer.

A história de Sharon

Sharon havia passado quatro anos com Hank, com quem achava que se casaria, mas ele rompeu o relacionamento. Ela estava com quase 40 anos e queria um filho, mas parecia não haver ninguém no horizonte que fosse um bom candidato a marido. Ela passou meses culpando Hank por iludi-la. Quando começou a perceber que culpá-lo só aumentava sua depressão, sua raiva e seu desamparo, ela passou a ver sua situação a partir de uma perspectiva de resolução de problemas.

Sharon era inteligente e criativa e começou a considerar fertilização *in vitro*. Achava que este era um compromisso importante em sua condição de solteira, mas decidiu que tentar ter um filho era suficientemente importante para ela. Depois de muitos meses de alarmes falsos e frustrações, finalmente ficou grávida. Depois, ela deixou a terapia, e, um ano mais tarde, recebi um cartão com uma foto sua segurando seu bebê. Ela se deu conta de que culpar outra pessoa era menos efetivo do que resolver o problema.

Quando culpamos outras pessoas, nossa crença subjacente é a de que somos indefesos. Mas você não é indefeso se puder resolver um problema importante.

Tornando-se vítima

Muitas de nossas dificuldades emocionais se originam de nos sentirmos como vítimas. Se você foi abusado psicológica, física, sexualmente ou de algum outro modo, foi de fato vítima. Vivemos em um mundo no qual mesmo aqueles que afirmam nos amar podem nos tratar de forma terrível. As pessoas podem trair nossa confiança, podemos ficar perplexos quando alguém em quem confiamos é maldoso, traiçoeiro ou insensível. Não há dúvidas de que muitos de nós tivemos experiências que nos deixaram desiludidos, desconfiados ou ressentidos.

A questão não é se você foi vítima em algum momento. A questão é: você se define como vítima? Ou é mais do que apenas uma vítima? Sim, sua primeira resposta é observar o quanto você se sente prejudicado, o quanto aquilo foi injusto e como tornou sua vida pior. Mas, se ficarmos presos ao pensamento de nossa identidade como vítima, nos tornamos indefesos.

Uma resposta útil ao sentimento de ser vítima é ser assertivo, posicionar-se em prol de seus direitos, protestar, buscar reparação, buscar compensação ou um pedido de desculpas. Esta pode ser a primeira resposta útil se alguém o maltrata. Agir assim dá a você a disposição para se defender, é uma maneira de exercer autorrespeito e autoestima. *Assertividade* é parte importante do autocuidado e requer reconhecer que você diz a outra pessoa como o comportamento dela o afeta, exigindo mudança e sinalizando que está disposto a estabelecer limites.

Por exemplo, Carolina disse à amiga Lisa que seus comentários críticos eram ofensivos e que queria que eles parassem. E acrescentou: "Já falamos sobre isso antes. Quero mantê-la como amiga, mas também preciso dizer que, se continuar com as críticas, vou me sentir desconfortável em me encontrar com você". Carolina especificou o comportamento (comentários críticos), como se sentia com aquilo (magoada) e como queria que ela mudasse ("Pare de me criticar"). O que ela não fez foi rotular Lisa ("Você é uma pessoa terrível"), escalar ("Vou torná-la infeliz se fizer isso de novo") ou ignorar completamente seu relacionamento (ela disse: "Quero mantê-la como amiga").

A assertividade pode funcionar, e algumas vezes a outra pessoa muda. Mas com frequência isso não funciona, e você expressa seus sentimentos sem que a outra pessoa mude. Você, então, tem outra escolha.

A história de Wendy

Wendy se sentia paralisada. Seu ex-marido, Doug, tinha terminado o casamento e pedido o divórcio. Ele era depreciativo e crítico em relação aos sentimentos dela, dizendo que Wendy era neurótica e que nada conseguia satisfazê-la. Ela não conseguia se lembrar de um único exemplo de validação por parte dele, que ele tivesse dito que entendia seus sentimentos ou que seus sentimentos faziam sentido para ele. Doug era o mestre da invalidação, havia partido e não queria mais falar com ela. Wendy estava sozinha. Compreensivelmente, ela se sentia muito mal. Sentia-se traída, mais uma vez invalidada, humilhada e ansiosa. E sentia raiva.

Dois anos depois, ela ainda ruminava sobre o divórcio, sobre como ele a havia tratado e quanto tudo aquilo era completamente injusto. Sua raiva e sua depressão frequentemente a mantinham isolada, pois achava que ninguém conseguiria de fato apoiá-la, ninguém queria ouvir falar sobre o quanto Doug era terrível, ninguém fazia ela se sentir melhor. Afinal, ele a criticou mais uma vez, a humilhou e depois a abandonou. E ela estava certa. Ele havia feito essas coisas. Mas agora ela estava se sentindo paralisada por sua raiva em relação a Doug, seus ressentimentos e sua solidão. Tudo era culpa dele, Wendy dizia, e não havia nada que pudesse fazer para mudar o que havia acontecido dois anos antes.

Wendy tinha direito a se sentir chateada? Sim, é claro. Todos têm direito a qualquer sentimento, sobretudo se forem tratados injustamente. Podemos validar isso. Mas faça a si mesmo as seguintes perguntas:

Por quanto tempo você quer ficar abalado?

Focar repetidamente na injustiça torna sua vida melhor?

É possível colocar o foco em objetivos positivos para construir sua vida, ao mesmo tempo reconhecendo que você foi tratado injustamente?

Mesmo que você tenha o direito de se sentir incomodado, também tem o direito de buscar outros sentimentos, outros objetivos e outras oportunidades. Você pode reconhecer para si mesmo: "Sim, aquilo não foi justo e não deveria ter acontecido, mas agora estou tomando as rédeas de minha vida". Isso não invalida a injustiça ou o dano, mas permite que você construa sua vida e cure as feridas.

Focar repetidamente no dano pode parecer natural para você, e pode ser difícil se afastar desse foco, mas isso também o deixa preso ao dano e impede que torne sua vida melhor. Se você reconstruir sua vida e perseguir objetivos positivos, poderá acabar se importando menos com o que aconteceu no passado, porque agora está exercendo mais controle sobre sua vida.

Algumas vezes ficamos presos na *armadilha da identidade de vítima*. Pensamos em nós mesmos principalmente como vítimas. Podemos estar certos quando achamos que fomos tratados mal, que isso não deveria ter acontecido, mas então somos dominados pela identidade de vítima – e nada mais. Quando faço *workshops* com terapeutas, peço que as pessoas ergam a mão caso já tenham sido tratadas injustamente. Quase todas levantam a mão. Então pergunto se alguém próximo a elas já quebrou sua confiança, as traiu ou as decepcionou de forma grave. Mais uma vez, quase todas as mãos são erguidas. Inclusive a minha.

O que podemos deduzir disso?

A vida pode ser injusta, desagradável e rude. Porém, mesmo quando somos de fato vítimas, somos muito mais que o dano ou o prejuízo que sofremos. Podemos validar a dor e a injustiça, mas ainda assim focar no que podemos fazer para tornar nossas vidas melhores.

Pontos Principais

◆ Suas estratégias para lidar com as emoções desconfortáveis podem ser um problema maior do que as próprias emoções.

◆ Estratégias de enfretamento inúteis podem aumentar nossos sentimentos negativos no longo prazo.

◆ Estabeleça como objetivo sentir-se melhor no longo prazo, não no curto prazo.

◆ Álcool e drogas podem acalmar as emoções momentaneamente, mas deixarão as coisas piores.

◆ Comer compulsivamente suprime as emoções por um momento, mas elas retornam mais intensas.

◆ Queixar-se pode proporcionar algum apoio, mas também pode afastar os amigos.

◆ Buscar reasseguramento é normal, mas depende de como você busca ajuda.

◆ Evitar situações desconfortáveis reforça o medo de sentir e limita sua vida.

◆ Culpar outras pessoas pode ter um fundo de verdade, mas fixar-se na culpa não resolve o problema.

◆ Ruminar e se preocupar não trará a resposta e o deixará mais deprimido no longo prazo.

◆ Pode ser verdade que você tenha sido tratado injustamente, mas ficar paralisado no papel de vítima fará você se sentir pior.

CAPÍTULO 11

Entendendo como as outras pessoas se sentem

Algumas vezes ficamos tão arrebatados por nossos pensamentos e sentimentos que dizemos e fazemos coisas sem pensar em como os outros se sentem. Frequentemente deixamos de reconhecer o que acontece nos corações e mentes de outras pessoas. Também é fácil interpretá-las mal. De fato, algumas vezes nem mesmo reconhecemos que a pessoa à nossa frente é muito diferente de nós, que tem suas próprias vulnerabilidades, dores e necessidades. Então, como podemos nos conectar melhor com os sentimentos de outras pessoas?

Jenny gosta de tomar drinques quando socializa e geralmente fica animada. Mas quando está "alta", costuma passar dos limites e se torna briguenta. Quando perguntei a ela o que seus amigos achavam disso, Jenny disse: "Oh, meus amigos podem ser críticos algumas vezes, mas, você sabe, só estou tentando ser eu mesma".

Tom é outro cujas emoções e egocentrismo atrapalham a relação com pessoas com as quais se importa. Quando conversa com Luke, Tom fala o tempo todo sobre si mesmo e não lhe pergunta como ele está. Então fica surpreso quando Luke se zanga e diz que ele só está interessado em si mesmo.

E temos também Jeff, casado há 23 anos, que veio me ver porque a esposa ameaçou se divorciar. Quando ele descreveu suas interações com a esposa, ficou claro que gritava com ela, a criticava e a humilhava. Perguntei: "Jeff, como você acha que sua esposa se sente com a forma como você lida com suas emoções?".

"Não tenho ideia do que você está falando", foi sua resposta.

NÃO É O QUE VOCÊ DIZ, É O QUE O OUTRO ESCUTA

Com frequência deixamos de prestar atenção no impacto que temos sobre outras pessoas. Geralmente ficamos apegados à nossa própria experiência – nossos pensamentos e sentimentos – e dizemos coisas que não pretendemos que sejam ofensivas. Depois de algum tempo, descobrimos que afastamos justamente aquelas pessoas com quem achávamos que poderíamos contar. E isso é especialmente verdadeiro quando nossos amigos e familiares passam por um momento difícil. Podemos tentar dar apoio, mas acabamos fazendo eles se sentirem incompreendidos, negligenciados e até mesmo criticados, ainda que essa não seja nossa *intenção*.

Mas na vida real o que importa não é o que dizemos – é o que o outro escuta. Você pode ter as melhores intenções ao conversar com alguém – pode querer sinceramente que a pessoa se sinta melhor –, mas o que importa é o que ela escuta, o que suas palavras significam para ela.

Pense em três pessoas que você vê regularmente. Tomemos como exemplo seu companheiro (se você tem um, ou um antigo companheiro), um amigo mais próximo e um familiar. Como eles percebem você? Quando passam por um momento difícil, eles se sentem à vontade para se abrir com você? Você tem empatia para com eles ou os julga? Eles acham que você vai ficar focado principalmente em si mesmo? Reserve alguns minutos para pensar e refletir sobre como isso pode afetar suas amizades e relações íntimas.

Assim como os sentimentos são importantes para você, outras pessoas acham que seus próprios sentimentos são igualmente importantes – e podem algumas vezes pensar que você não as entende, não se importa com elas ou não as respeita. Todos somos um pouco *egocêntricos* – isto é, somos apanhados em nossas próprias perspectivas.

Quando um amigo diz alguma coisa com a qual não concordo, sou automaticamente capturado, apanhado e algumas vezes sequestrado por meus próprios pensamentos e sentimentos. Posso querer lhe dizer o que penso, dizer que está errado, até mesmo usar um pouco de sarcasmo para completar. Mas aprendi que esse tipo de gracejo só torna as coisas piores e que as coisas podem escalar para além do controle. E nós dois vamos nos arrepender disso. Assim como meus sentimentos são importantes para mim, os sentimentos dos meus amigos são importantes para eles. E, portanto, seus sentimentos são importantes para mim.

COMO AS PESSOAS RESPONDEM A SEUS SENTIMENTOS?

Antes de examinarmos seu impacto sobre as outras pessoas, comecemos por entender o que ocorre quando os outros respondem a seus sentimentos. No exercício a seguir, vejamos as respostas negativas nos relacionamentos próximos. Pense em como uma pessoa que ama responde aos seus sentimentos quando você está chateado. Na primeira coluna, leia os diferentes exemplos de resposta. Na segunda coluna, utilizando a escala apresentada a seguir, avalie o quanto essas respostas são verdadeiras. Depois, na terceira coluna, escreva o que essas respostas fazem você pensar e sentir.

Não acredite em tudo que você sente   **179**

Como a Pessoa que Amo Responde a Meus Sentimentos

Escala:

1 = Muito falso
2 = Um pouco falso
3 = Levemente falso
4 = Levemente verdadeiro
5 = Um pouco verdadeiro
6 = Muito verdadeiro

Como a pessoa que amo responde quando estou chateado	O quanto isso é verdadeiro? (1-6)	O que essa resposta me faz sentir e pensar?
Compreensibilidade A pessoa me ajuda a compreender minhas emoções.		
Validação A pessoa me ajuda a me sentir compreendido e cuidado quando falo sobre meus sentimentos.		
Culpa e vergonha A pessoa me critica e tenta fazer com que eu me sinta envergonhado e culpado sobre como me sinto.		
Diferenciação A pessoa me ajuda a entender que não há problema em ter sentimentos mistos.		
Valores A pessoa relaciona meus sentimentos dolorosos a valores importantes.		
Controle A pessoa acha que estou fora de controle com respeito a meus sentimentos.		

Como a pessoa que amo responde quando estou chateado	O quanto isso é verdadeiro? (1-6)	O que essa resposta me faz sentir e pensar?
Entorpecimento A pessoa parece ficar anestesiada e indiferente quando falo sobre meus sentimentos.		
Racional A pessoa acha que sou irracional boa parte do tempo.		
Duração A pessoa acha que meus sentimentos dolorosos apenas vêm e vão.		
Consenso A pessoa me ajuda a perceber que muitas outras pessoas também se sentem como me sinto.		
Aceitação A pessoa aceita e tolera meus sentimentos dolorosos e não tenta me forçar a mudar.		
Ruminação A pessoa parece insistir em saber por que eu me sinto como me sinto.		
Expressão A pessoa me encoraja a expressar os sentimentos e a falar sobre como me sinto.		
Culpa A pessoa me culpa por me sentir tão incomodado.		

Agora, examine essas 14 afirmações e considere as categorias que tiveram avaliação mais alta e mais baixa.

Quais são as três piores respostas que a pessoa que você ama lhe dá?

_____

_____

_____

Quais são as três melhores respostas que ela lhe dá?

_____

_____

_____

A história de Allison e Ted

Allison vinha tendo muita ansiedade: ataques de pânico, medo de cometer erros e preocupações com a saúde. Ela mencionou que Ted, seu marido, lhe dizia que seus sentimentos não faziam sentido. Ele a culpava pelos sentimentos, dizia que ela era irracional e se queixava de que seus sentimentos pareciam durar indefinidamente. Também a fazia sentir-se envergonhada por eles, dizia que outras pessoas não se sentiam assim e rotulava os sentimentos dela como fora de controle. Allison me disse que os comentários de Ted a deixavam ansiosa, envergonhada, com raiva, deprimida e indefesa e que tinha medo de compartilhar seus sentimentos com ele. E que ficava ainda mais incomodada.

Quando falei com Ted, ele concordou que Allison frequentemente ficava ansiosa e se sentia deprimida. Acrescentou: "Eu realmente me importo com ela, mas Allison fica presa nesse turbilhão emocional contínuo. Eu só quero que ela pare de se sentir mal". Ted tinha boas intenções, achava, mas o impacto de suas palavras sobre Allison só piorava a situação.

Perguntei a ele o que pensava quando Allison falava sobre seus sentimentos dolorosos. "Sei que ela se sente mal", disse, "mas acho que, se começa a falar sobre o quanto se sente mal, vai continuar assim indefinidamente. Ela não para nunca. Isso é demais para mim às vezes. Eu tento fazê-la ver as coisas mais positivamente, tento acalmá-la, mas ela me diz que eu não entendo. Não sei o que fazer. Quero que Allison pare de se sentir mal".

Ted tem certas crenças acerca das emoções de Allison:

Quero que ela pare de se sentir mal.

Não consigo tolerar quando ela está chateada.

Depois que começa a falar sobre suas emoções, ela não para de se queixar sobre como se sente.

Tenho que conseguir fazer ela parar imediatamente de se sentir mal.

Ela não quer me ouvir. Se ela me ouvisse, se sentiria melhor.

Falar sobre os sentimentos frequentemente piora as coisas.

Ela é muito emotiva.

Ela é neurótica.

Ted tem várias teorias sobre os sentimentos de Allison. Segundo ele: "As emoções dela não fazem sentido e, portanto, ela não deveria ter esses sentimentos. Emoções dolorosas são ruins, e tenho que fazê-la parar de se sentir assim. Se não consigo fazer Allison parar de se sentir mal, ela piora e continua se queixando indefinidamente. Suas emoções são um fardo para mim, e, ao mesmo tempo, me sinto responsável por fazê-la se sentir melhor. Se ela não muda a forma como se sente quando lhe digo que seus sentimentos não fazem sentido é porque não me respeita. Se eu ceder e tentar validá-la, estarei reforçando suas queixas, e as coisas vão piorar. Ela vai me sobrecarregar com suas emoções".

As crenças de Ted sobre os sentimentos de Allison refletem suas crenças negativas sobre as emoções. Ele encara o controle das emoções como parcialmente sua responsabilidade, e, se ela não "o ouve" (obedece), então realmente não quer mudar seus sentimentos e está sendo desrespeitosa. Perguntei a ele o que o estava preocupando.

Ted disse: "Olhe, se eu só falar com ela sobre seus sentimentos, não haverá espaço para os meus próprios sentimentos. Ela não se dá conta do quanto trabalho duro para sustentar a família, se queixa de tudo. Eu nunca recebo reconhecimento. Sabe, eu também gostaria de alguma validação".

"O que seus pais respondiam a você, Ted, quando era criança e estava chateado?", perguntei.

"Meu pai sempre quis que eu fosse perfeito. Ele só queria que eu falasse sobre o meu sucesso. Ainda na semana passada, estávamos conversando sobre meu trabalho, e ele perguntou como estavam as coisas. Eu disse: 'As coisas estão indo bem', e ele: 'Isso é o que quero ouvir. As coisas estão indo bem. Isso é o que espero de você'."

Eu disse: "Como você se sente quando a única coisa que ele quer ouvir é sobre suas experiências boas, seus sentimentos positivos?".

"Isso me faz pensar que ele não se preocupa comigo. Nunca recebi validação do meu pai. Ele nunca me entendeu."

Não é irônico que Ted, que nunca se sentiu validado, raramente valide Allison? Ele aprendeu desde a tenra idade – principalmente com seu pai – que sentimentos eram um fardo, que a outra pessoa tinha que se livrar desses sentimentos e que ser validado jamais acontecia. Ted copiara a abordagem invalidante de seu pai e achava difícil aceitar os sentimentos de Allison.

CRENÇAS SOBRE AS EMOÇÕES DE OUTRAS PESSOAS

Todos temos uma teoria sobre as emoções dos outros. Essa teoria – com base no *modelo do esquema emocional* – inclui nossas crenças sobre a duração das emoções de alguém, sobre sua legitimidade, se estão fora de controle e se são diferentes daquelas de outros. Também temos nossas próprias teorias ou estratégias sobre como responder às emoções de outras pessoas. Isso inclui muitas respostas negativas, como:

- Minimização da experiência: "Isso não é tão importante".
- Positividade tóxica: "Tudo vai dar certo".
- Atitude crítica: "Você está se portando como um bebê".
- Supressão: "Controle-se".
- Culpa do passado: "Você é assim por causa da sua família maluca".
- Obstrução: recusa-se a ouvir.
- Evitação: sai da sala.
- Ridicularizar: "Olhe para você – parece uma criança. O que há de errado com você?".
- Personalização: "Não me culpe por seus problemas".
- Solução de problemas: "Posso lhe dizer como resolver este problema".
- Controle excessivo da situação: "Vou cuidar disso".

Cada vez que interagimos com as pessoas, lidamos com suas emoções. Você pode achar que as emoções de seu parceiro o incomodam, o sobrecarregam ou que são um fardo para você. Ou pode achar que as emoções do seu amigo parecem que vão durar para sempre, não fazem sentido ou são um sinal do egocentrismo dele. Porém, por mais que se sinta afetado por elas, o fato é que não vemos essas emoções. Vemos apenas o que as pessoas fazem, dizem e como interagem conosco. Temos muita dificuldade para saber o que acontece dentro da outra pessoa.

Incompreensão mútua

Brenda acha que Ken está irritado com ela. Então lhe pergunta: "Por que você está falando comigo assim?", o que o surpreende, porque falou muito pouco. Ele tenta ler a mente dela e conclui que Brenda não gosta de seu jeito de dirigir. Ela não disse nada sobre isso, mas esta é a teoria de Ken no momento sobre a irritabilidade dela.

Agora observe a crença de Ken: Brenda está irritada com ele e não gosta de como dirige. Ele pode estar certo, mas na verdade não sabe. No momento, Ken está paralisado em sua leitura mental sobre Brenda. Não conhece a gama de emoções que ela experimenta e não sabe por que ela sente o que está sentindo. Ken também está personalizando – deduzindo que Brenda sente o que sente porque está zangada com ele. Não se dá conta de que os sentimentos dela podem ser sobre outra coisa.

Ele então continua a pensar sobre as emoções de Brenda. O fluxo de consciência de Ken começa a se revelar: "Ela vai ficar eternamente nesse estado de humor" (duração), "Os sentimentos dela não fazem sentido" (incompreensibilidade), "Vai ficar cada vez pior" (falta de controle, escalada), "Ela não deveria se sentir assim" (culpabilização), "Tenho que fazer ela parar de se sentir assim" (necessidade de controle), "Não consigo aceitar isso" (falta de aceitação) e "Por que ela não pode ser mais racional e razoável?" (racionalidade antiemocional).

Como consequência dessas interpretações negativas das emoções de Brenda, Ken se torna defensivo: "Deixe-me em paz, estou dirigindo". Ele começa a se distanciar dela, não querendo conversar. Pensa: "Se continuarmos falando, ela vai ficar mais irritada e vai começar com picuinhas. É melhor eu ficar quieto." Para de falar e começa a ruminar sobre as emoções de Brenda. Ele pensa: "Isso acontece há anos. Ela é mal-humorada. Não sei que diabos ela quer de mim". Ken chega ao ponto em que não consegue aceitar qualquer emoção que Brenda experimente. Acha que ela deve parar de se sentir assim e que ele tem de fazer ela parar.

Quando Ken fica mais distante – e, ao mesmo tempo, mais irritado com ela –, Brenda começa a pensar que ele é mal-humorado, irritável e que não se comunica. Inicialmente ela se pergunta o que fez para despertar nele esse tipo de mau humor, mas não consegue ver o que o deixa tão incomodado. Então começa a pensar sobre as emoções dele: "Ken é mal-humorado e irritável. Ele é sempre assim" (supergeneralização), "Isso vai durar o dia inteiro" (duração), "Ele pode ficar muito irritado e zangado" (escalada), "Tenho que fazer ele parar de se sentir dessa forma" (baixa aceitação), "Ele não tem controle sobre os sentimentos" (falta de controle), "Os sentimentos dele não fazem nenhum sentido" (incompreensibilidade).

Algo nisso lhe parece familiar?

Todos nos engajamos em leitura mental sobre as emoções das outras pessoas. Algumas vezes estamos corretos, e outras vezes não. Mas fazemos suposições sobre os sentimentos das pessoas e temos nossas explicações e avaliações a respeito deles. Vejamos novamente o que na verdade estava acontecendo com Ken e Brenda.

Acontece que Ken estava se sentindo incomodado porque Brenda ia viajar a trabalho na próxima semana. Ela ficaria fora por duas semanas, e ele ia sentir saudades dela. Ken estava triste por isso e ansioso porque ficaria sozinho. Ele sabia que sentiria saudades. Embora soubesse que a esposa tinha o direito de seguir sua carreira profissional, ele se sentia pessoalmente rejeitado. Gostaria que ela não viajasse tanto. Achava que um "homem de verdade" não deveria ser tão dependente da esposa – não deveria ser tão carente. Assim, estava tentando agir como se não precisasse dela, embora soubesse que realmente precisava. Dessa forma, Ken tinha uma variedade de emoções – ansioso e triste por Brenda viajar e com raiva por se sentir assim, ao mesmo tempo que a culpava por se sentir dependente e, em seguida, sentia vergonha dos próprios sentimentos.

E quanto a Brenda? Ela também estava se sentindo ansiosa em relação à sua viagem de negócios e até mais ansiosa porque Ken também viajaria a trabalho alguns dias depois de seu retorno. Ficariam afastados em três das cinco semanas seguintes e eram muito conectados um ao outro. Mas essa conexão deixava Brenda ansiosa. Ela sentiria falta de Ken enquanto estivesse longe e ainda mais quando ele estivesse fora. Assim, ela se sentia ansiosa e triste. (Muito parecido com o caso de Ken, não?) Em virtude da ansiedade por causa de suas respectivas viagens, Brenda estava especialmente sensível a qualquer tom de voz diferente de Ken. Com frequência ela se sentia ansiosa quando viajava e achava que Ken a estava rejeitando quando ficava irritado. Brenda não queria ter problemas antes de viajar.

O que é irônico na experiência de ambos é que nenhum deles tinha qualquer pista do que se passava com o outro. Estavam parcialmente corretos ao perceberem que o outro estava irritado, mas não notavam a gama de emoções que o outro sentia. E não conseguiam entender por que o outro sentia o que sentia.

Geralmente explicamos as emoções de outra pessoa fazendo referência a um *traço estável* ou a uma qualidade dessa pessoa: "Ela é mal-humorada" ou "Ele é irritável". É como se achássemos que seus estados de humor nunca mudassem, que a pessoa estivesse sempre mal-humorada ou irritável. Não reconhecemos o quanto suas emoções podem variar. Tendemos a atribuir suas emoções a "alguma coisa sobre ela" em vez de a alguma coisa sobre a situação ou sobre a forma como a afetamos no momento. Isso em parte se dá porque também temos dificuldade para entender como nosso comportamento impacta a outra pessoa (viés egocêntrico).

Olhamos para a outra pessoa e a vemos como uma "pessoa inteira" – ou seja, estamos visualmente focados em como ela se parece no momento. Não reconhecemos o quanto pode ser complexa e variável, pois olhamos para ela como "uma pessoa", em vez de pensar em como seu comportamento e seus estados de humor flutuam ao longo do tempo e nas diferentes situações.

Não assumimos sua perspectiva, nem nos vemos pelos olhos da outra pessoa. Ficamos apegados à nossa própria perspectiva, incapazes de ver o mundo pela perspectiva dela, incapazes de ver como ela muda e de reconhecer o que não sabemos a seu respeito. Consequentemente, nós a rotulamos: mal-humorada, irritável, neurótica.

COMO DAR MAIS APOIO E SER MAIS EFICAZ

Ken, Brenda e eu examinamos as diferentes interpretações do que aconteceu. Quando começaram a perceber que haviam interpretado mal as emoções um do outro, eles se sentiram aliviados. De fato, sua irritabilidade era um sinal de sua conexão.

Ken examinou suas interpretações sobre as emoções de Brenda.

Interpretações iniciais de Ken sobre as emoções de Brenda	Tipo de pensamento	Visão mais útil das emoções de Brenda
Ela vai continuar para sempre com esse estado de humor.	Duração	Não, os sentimentos de Brenda são como os meus – eles mudam com o tempo. Ela estava de bom humor há pouco e provavelmente estará de bom humor mais tarde.
Os sentimentos dela não fazem sentido.	Incompreensibilidade	Eles fariam sentido se eu soubesse o que ela estava pensando e sentindo. Mas não sei. Talvez ela tenha algo em mente. Talvez esteja ansiosa de ficarmos longe um do outro.
Ela vai ficar cada vez pior.	Falta de controle, escalada	Este não parece ser o caso. Notei que seus sentimentos mudam dependendo do que estamos fazendo ou com quem ela está falando.
Ela não deveria se sentir assim.	Culpabilização	Julgar os sentimentos dela não ajuda. Não há nada de imoral em ter uma emoção. Ela não está prejudicando ninguém com seus sentimentos. As pessoas têm direito aos próprios sentimentos.

Interpretações iniciais de Ken sobre as emoções de Brenda	Tipo de pensamento	Visão mais útil das emoções de Brenda
Tenho que fazê-la parar de se sentir assim.	Necessidade de controle	Não, eu não tenho que fazê-la parar de se sentir assim. Posso validá-la, encorajá-la a expressar seus sentimentos, entender de onde eles vêm. Posso permitir que ela seja ela mesma e amá-la.
Não consigo aceitar isso.	Falta de aceitação	Por que não consigo aceitar seus sentimentos? Ela tem seus sentimentos neste momento, e não faz sentido eu não os aceitar. Seus sentimentos são o que ela tem no momento.
Por que ela não pode ser mais racional e razoável?	Racionalidade excessiva	Talvez ela esteja sendo racional e razoável segundo seu próprio ponto de vista. Talvez eu não saiba no que ela está pensando e o que está sentindo neste momento. Posso lhe perguntar, ser paciente e não discutir com ela. A propósito – não é racional esperar que as pessoas sejam sempre racionais. Os humanos não são assim.

Voltemos ao exercício "Como a pessoa que amo responde a meus sentimentos". Você pode recordar que cada resposta negativa e cada crença de seu parceiro sobre suas emoções (p. ex., que seus sentimentos não fazem sentido, que você não precisa ser validado, que outras pessoas não se sentem como você) só fazem com que se sinta pior.

Mas agora vejamos o que você pensa sobre as emoções da pessoa que ama. Você tem alguma destas crenças sobre as emoções dela? Na primeira coluna, leia os diferentes exemplos de como você pode responder quando ela está abalada. Na segunda coluna, avalie, utilizando a escala a seguir, o quanto as respostas são verdadeiras. Então, na terceira coluna, anote como suas respostas a fazem pensar e se sentir.

Como Respondo às Emoções da Pessoa que Amo

Escala:

1 = Completamente falso
2 = Moderadamente falso
3 = Levemente falso
4 = Levemente verdadeiro
5 = Moderadamente verdadeiro
6 = Completamente verdadeiro

Como respondo aos sentimentos da pessoa que amo	O quanto isso é verdadeiro ou falso?	O que isso a faz sentir e pensar?
Compreensibilidade Ajudo-a a compreender suas emoções.		
Validação Ajudo-a a se sentir compreendida e cuidada quando fala sobre seus sentimentos.		
Culpa ou vergonha Critico-a e faço ela se sentir envergonhada ou culpada pelo que sente.		
Diferenciação Ajudo-a a compreender que não há problema em ter sentimentos mistos.		
Valores Relaciono seus sentimentos com valores importantes.		
Controle Acho que seus sentimentos estão fora de controle.		

Como respondo aos sentimentos da pessoa que amo	O quanto isso é verdadeiro ou falso?	O que isso a faz sentir e pensar?
Entorpecimento Frequentemente me sinto anestesiado e indiferente quando ela fala sobre seus sentimentos.		
Racional Acho que ela é irracional boa parte do tempo.		
Duração Acho que seus sentimentos dolorosos continuam indefinidamente.		
Consenso Percebo que muitas pessoas também se sentem como ela se sente.		
Aceitação Aceito e tolero seus sentimentos dolorosos e não tento forçá-la a mudá-los.		
Ruminação Penso repetidamente e pareço insistir na razão pela qual ela se sente assim.		
Expressão Encorajo-a a expressar seus sentimentos e a falar sobre como se sente.		
Culpabilização Eu a culpo por se sentir tão abalada.		

Agora examine essas 14 afirmações e considere as categorias com escores mais altos e mais baixos.

Quais são as três melhores respostas que você dá à pessoa que ama?

_____

_____

_____

Quais são as três piores respostas que você dá à pessoa que ama?

_____

_____

_____

Agora imagine como você se sentiria se outra pessoa – especialmente alguém próximo – respondesse aos seus sentimentos dolorosos dessa maneira. Você ficaria magoado, ansioso, com raiva, incompreendido. Acharia que não faz sentido compartilhar seus sentimentos com essa pessoa. Posso apostar que essa não é sua intenção quando está conversando com alguém que ama e com quem se preocupa. Você provavelmente quer que essa pessoa se sinta melhor, mas suas crenças sobre a emoção dela só atrapalham. De fato, elas pioram a situação.

Vejamos como você pode desafiar essas crenças sobre as emoções dolorosas da pessoa que ama. No quadro a seguir, procure algumas respostas negativas que você dá. Então encontre uma resposta mais útil. Você também pode encontrar exemplos úteis de respostas positivas (como validação) que gostaria de usar com mais frequência.

Exemplos de Respostas Úteis às Emoções da Pessoa que Amo

Como respondo aos sentimentos da pessoa que amo	Respostas úteis
Compreensibilidade Ajudo-a a compreender suas emoções.	"Seus sentimentos fazem sentido, considerando-se o que você está passando. Há muitas coisas que está pensando e experimentando neste momento que o levam a se sentir assim."
Validação Ajudo-a a se sentir compreendida e cuidada quando fala sobre seus sentimentos.	"É claro que você se sente abalado, olhe para o que está passando. Você tem todo o direito de sentir o que sente. Isso deve ser difícil, e quero que saiba que estou com você."
Culpa ou vergonha Critico-a e faço ela se sentir envergonhada ou culpada pelo que sente.	"Tudo bem que você esteja sentindo o que sente. Você tem todo o direito a esses sentimentos. Você é humano."
Diferenciação Ajudo-a a compreender que não há problema em ter sentimentos mistos.	"Muitas vezes todos temos sentimentos mistos. É por isso que raramente as coisas são tão simples como gostaríamos. Você tem uma riqueza de sentimentos – uma ampla gama de emoções. Todos nós temos."
Valores Relaciono seus sentimentos com valores importantes.	"As coisas o incomodam algumas vezes porque você valoriza certas coisas. Elas são importantes para você, pois sabe que há coisas importantes na vida. Você se importa com elas."
Controle Acho que seus sentimentos estão fora de controle.	"Seus sentimentos têm altos e baixos e parecem colocá-lo em uma montanha-russa. Mas você já esteve nessa viagem antes, e com o tempo isso vai acalmar. Neste momento a jornada lhe parece difícil e instável."
Entorpecimento Frequentemente me sinto anestesiado e indiferente quando ela fala sobre seus sentimentos.	"Posso entender um pouco da dor que está sentindo e sei que isso pode magoá-lo ainda mais. Quero que saiba que sinto compaixão e amor por você neste momento."
Racional Acho que ela é irracional boa parte do tempo.	"Não há necessidade de ser racional. Não somos robôs, não somos computadores. Somos humanos. Nossas emoções são reais e importantes e nos dizem o que é importante para nós."

Como respondo aos sentimentos da pessoa que amo	Respostas úteis
Duração Acho que seus sentimentos dolorosos continuam indefinidamente.	"Sei que parece que seus sentimentos dolorosos vão durar para sempre. Mas já estivemos neste ponto antes e juntos vamos esperar que esses sentimentos se acalmem, se aquietem e se tornem menos dolorosos."
Consenso Percebo que muitas pessoas também se sentem como ela se sente.	"Você não está sozinho com esses sentimentos. Todos nós passamos por momentos difíceis. Você e eu já tivemos sentimentos dolorosos, assim como muitas outras pessoas, e muitos desses sentimentos são exatamente o que você está sentindo agora. Você é humano e está tendo os sentimentos que os humanos têm quando a vida é difícil."
Aceitação Aceito e tolero seus sentimentos dolorosos e não tento forçá-la a mudá-los.	"Estou aqui com você e aceito e escuto o que sente. Podemos passar juntos por isso. Você continuará a sentir o que sente até que isso mude. Mas neste momento os sentimentos são reais, e podemos dar espaço para eles, aceitá-los e talvez aprender com eles."
Ruminação Penso repetidamente e pareço insistir na razão pela qual ela se sente assim.	"Percebo como você está se sentindo. Sei que isso é difícil, mas estarei aqui. Sei que você tem dificuldades, e, mesmo que algumas coisas sejam difíceis de entender, elas ainda são reais. Seus sentimentos são o que é importante neste momento."
Expressão Encorajo-a a expressar seus sentimentos e a falar sobre como se sente.	"Você pode me contar qualquer coisa que sentir, e eu vou tentar ouvir o que diz, entendê-lo e apoiá-lo. Estou aqui bem ao seu lado neste momento."
Culpabilização Eu a culpo por se sentir tão abalada.	"Você tem direito aos seus sentimentos. Eu jamais o culparia por ter uma dor de cabeça ou indigestão, e seus sentimentos fazem parte de sua experiência."

Agora que você aprendeu algumas respostas úteis a dar à pessoa que ama quando ela falar sobre os sentimentos, vamos monitorar exemplos durante a próxima semana. Começando hoje, anote exemplos diários de suas respostas aos sentimentos de alguém usando o exercício a seguir.

Não acredite em tudo que você sente   **193**

Repostas Úteis às Emoções da Pessoa que Amo

Como respondo aos sentimentos da pessoa que amo	Nome da pessoa que amo	Minha resposta útil
Compreensibilidade Ajudo-a a compreender suas emoções.		
Validação Ajudo-a a se sentir compreendida e cuidada quando fala sobre seus sentimentos.		
Culpa ou vergonha Critico-a e faço ela se sentir envergonhada ou culpada pelo que sente.		
Diferenciação Ajudo-a a compreender que não há problema em ter sentimentos mistos.		
Valores Relaciono seus sentimentos com valores importantes.		
Controle Acho que seus sentimentos estão fora de controle.		
Entorpecimento Frequentemente me sinto anestesiado e indiferente quando ela fala sobre seus sentimentos.		
Racional Acho que ela é irracional boa parte do tempo.		
Duração Acho que seus sentimentos dolorosos continuam indefinidamente.		
Consenso Percebo que muitas pessoas também se sentem como ela se sente.		

Como respondo aos sentimentos da pessoa que amo	Nome da pessoa que amo	Minha resposta útil
Aceitação Aceito e tolero seus sentimentos dolorosos e não tento forçá-la a mudá-los.		
Ruminação Penso repetidamente e pareço insistir na razão pela qual ela se sente assim.		
Expressão Encorajo-a a expressar seus sentimentos e a falar sobre como se sente.		
Culpabilização Eu a culpo por se sentir tão abalada.		

Pontos Principais

- Pense em como é quando a pessoa que você ama não apoia a sua experiência emocional.

- Quando a pessoa que você ama está abalada, observe como responde a ela.

- Note se você parece crítico ou depreciativo. Note se está minimizando os sentimentos dela ou dizendo que ela não deveria se sentir como se sente.

- Mesmo que suas intenções sejam boas, lembre-se de que o que importa é o que ela escuta – o impacto sobre ela.

- Pergunte-se como você pode comunicar respeito, cordialidade e aceitação dos sentimentos da pessoa que ama.

- Usando o modelo do esquema emocional, você pode ajudar a pessoa que ama a sentir que acredita que suas emoções fazem sentido, que outros têm sentimentos similares, que a valida, que seus sentimentos não estão fora de controle e que ter sentimentos mistos algumas vezes faz sentido. Você pode encorajá-la a expressar seus sentimentos e a associá-los a valores importantes, bem como ajudá-la a se sentir menos envergonhada de suas emoções.

CAPÍTULO 12

Juntando as peças
As melhores formas de lidar com as coisas

Já abordamos muitos aspectos relacionados a como entender as emoções, como usá-las produtivamente e como não ser dominado por elas. Agora é hora de apresentarmos um resumo das muitas ideias e técnicas que você pode usar para se relacionar melhor com suas emoções. Tenha em mente que o objetivo da terapia do esquema emocional não é livrá-lo das emoções – é fazer você ser capaz de conviver, aprender e lidar efetivamente com elas.

Neste capítulo, você aprenderá oito passos que poderão ser usados com qualquer emoção. Cada um deles já foi discutido em detalhes nos capítulos anteriores.

1. VALIDE OS SENTIMENTOS

Uma das mensagens que recebemos sobre certas emoções é: *Você não deve se sentir assim*. Você pode ter ouvido seus pais, seu companheiro ou seus amigos dizerem que não deve ficar abalado, sentir ciúmes e sentir inveja. Talvez alguém tenha dito que você tem tantas coisas boas em sua vida que não deveria se sentir triste. Esses comentários desdenhosos e invalidantes são ofensivos e só o fazem se sentir pior. E, além disso, você mesmo pode dizer coisas como: "Não tenho o direito de me sentir assim". Você pode estar se invalidando e se sente mal por se sentir mal.

Jamais diríamos a uma pessoa que ela não deveria ter dor de cabeça. Por que então faz sentido dizer que ela nunca deveria se sentir triste, ansiosa, com raiva ou magoada?

Por exemplo, você pode se sentir envergonhado ao chorar. Mas chorar faz parte da natureza humana, e uma das piores coisas que pode acontecer quando está com dificuldades é achar que ninguém se importa com seu choro. Talvez tenham lhe dito: "Pare de chorar", o que fez você suportar a dor, segurar as lágrimas e se sentir sozinho em seu sofrimento.

A abordagem do esquema emocional reconhece que sentimentos dolorosos e choro fazem parte da existência humana. De fato, a coisa mais triste na vida é nunca ter nada por que valha a pena chorar. A validação de seus sentimentos pode começar pelo reconhecimento e o apoio a si mesmo quando se sentir deprimido. Você pode dizer a si mesmo que entende que a vida pode ser muito difícil, que se sente sobrecarregado e que as coisas podem parecer sem esperança às vezes. Você tem direito a sentimentos de qualquer tipo.

Uma forma de validar os sentimentos é *normalizá-los* – universalizá-los. Isso significa que podemos reconhecer que pessoas no mundo inteiro frequentemente têm os mesmos sentimentos que nós. De fato, todas as nossas emoções – sobretudo nossos medos de altura, de estranhos, de espaços fechados ou de ficar sozinho – evoluíram para nos proteger. Mesmo emoções complicadas como ciúme, inveja, vergonha e culpa evoluíram porque nos protegiam ou asseguravam a coesão social. E nossos sentimentos atuais com frequência estão relacionados às mensagens sobre como deveríamos ser – as normas e os regulamentos que nossos pais estabeleceram. Validar nossos sentimentos pode incluir perceber que todos esses fatores levaram à nossa experiência atual.

Os sentimentos são importantes. Dizer a si mesmo que tem direito a eles é o primeiro passo em sua própria validação. Você também pode direcionar compaixão e gentileza a si mesmo – assim como faria com uma pessoa amada. Pode se confortar, dizendo: "Embora a vida esteja difícil no momento, eu trarei amor para mim mesmo, cuidarei de mim e me darei apoio neste período difícil". Você precisa dizer: "Estou aqui para me apoiar, cuidar de meus sentimentos, escutar minha dor e me ajudar a dar o próximo passo". E esse passo pode levá-lo a sentir-se de modo diferente.

Sentir-se de modo diferente não invalida sua dor. Apenas diz que você se importa o bastante para mudar a dor com um ato de gentileza consigo mesmo.

2. APRENDA AS LIÇÕES DA TERAPIA DO ESQUEMA EMOCIONAL

Sim, a vida é complicada, injusta, difícil e às vezes parece impossível. Porém, uma vida plena inclui todas essas coisas – e a capacidade de *sentir tudo*, não apenas de *sentir-se bem*. A abordagem das emoções pela terapia do esquema emocional – para uma vida plena – inclui os seguintes princípios:

- Emoções difíceis e desagradáveis fazem parte da experiência de todos.
- As emoções nos alertam, falam sobre nossas necessidades e nos conectam com um significado.
- Crenças sobre as emoções podem tornar difícil tolerarmos os sentimentos.
- As estratégias que usamos para lidar com as emoções podem agravar os problemas ou melhorá-los.

Lembre-se de que *realismo emocional*, diferentemente de *perfeccionismo emocional*, implica estarmos prontos para toda a gama de emoções, aceitar que nem sempre seremos felizes e que todos enfrentaremos decepções ou mesmo desilusões. Para mim, *perfeccionismo existencial* significa que nossas vidas não serão exatamente o que queremos. Significa que amigos nos desapontarão, assim como nós os decepcionaremos. Significa que a vida envolve perdas e ganhos, concessões, dar-nos bem com pessoas de quem não gostamos. Podemos pensar no perfeccionismo emocional como parte do perfeccionismo existencial. Com o perfeccionismo emocional, queremos que nossas emoções sejam alegres, boas e claras. Com o perfeccionismo existencial, não só queremos que essas emoções sejam agradáveis o tempo todo, mas que todos os aspectos da vida sejam bons, a fim de que correspondam a nossas expectativas exigentes e frequentemente irreais. Você também aprendeu sobre *desconforto construtivo*, isto é, para progredirmos, temos que fazer coisas desconfortáveis. Significa desenvolvermos resiliência e mesmo força mental, valorizando a capacidade de tolerar experiências difíceis e superar obstáculos; é preciso dizer a si mesmo: "Sou a pessoa que faz as coisas difíceis".

Uma forma valiosa de autoempoderamento é perceber que a meta é sermos capazes de *fazer o que não queremos*. Isso envolve a capacidade de superar a inércia, a sensação de estarmos travados e a espera de que a motivação retorne.

Isso significa que depende de você retomar sua vida.

3. RECONHEÇA QUE AS EMOÇÕES SÃO TEMPORÁRIAS

Com frequência as emoções nos enganam com o pensamento de que vão durar para sempre – ou pelo menos um tempo muito longo. Porém, mesmo sentimentos como desesperança são temporários. Como sabemos? Porque, monitorando as emoções a cada hora da semana – como você fez no exercício "Quanto tempo este sentimento vai durar" no Capítulo 5 –, descobrimos que a intensidade das emoções muda com o que fazemos, com quem estamos, o que pensamos e mesmo com a hora do dia. As emoções mudam, e saber disso deve nos dar esperança. *Isso também vai passar.*

Se acreditarmos que nossas emoções são permanentes, evitaremos as situações que ativam sentimentos desconfortáveis. Essa evitação reforça ainda mais as crenças negativas sobre as emoções e nos impede de viver uma vida plena. Nossa crença sobre a permanência da emoção também nos leva a acreditar que somos nossas próprias emoções. Por exemplo, você pode pensar: "Sou uma pessoa deprimida", em vez de: "Em certas situações e em certos momentos me sinto deprimido em vários graus".

Não existe algo como "pessoa deprimida". Existem pessoas que experimentam depressão em determinados momentos, em certas circunstâncias. A cor dos olhos não muda, mas a depressão sim.

Também tendemos a prever que, se alguma coisa negativa acontecer no futuro, nossas emoções durarão indefinidamente. Essa é a ilusão da durabilidade da emoção e faz parte da natureza humana, pois todos fazemos isso às vezes. Nossas crenças sobre as emoções com frequência são exageradas – se não totalmente erradas. O fato é que há muitos fatores que afetarão a variabilidade das emoções no futuro. Por exemplo, se acreditarmos que ao romper um relacionamento ou perder alguma coisa de valor seremos infelizes para sempre, então iremos temer o futuro e nos preocupar com coisas terríveis. Mas nossas previsões sobre nossas emoções futuras frequentemente ignoram as experiências que podem nos ajudar a lidar com as dificuldades. Por exemplo, tendemos a focar em nossa emoção atual para predizer nossas emoções futuras, em vez de reconhecermos que novos amigos, novas relações, um novo emprego e novas experiências podem dar origem a sentimentos diferentes e mais felizes.

O outro fator que afeta o modo como pensamos sobre as emoções negativas atuais é que não nos lembramos como os sentimentos negativos passados terminaram. Isso ocorre porque, quando estamos infelizes, tendemos a recordar excessivamente os acontecimentos e sentimentos negativos passados, e não as experiências positivas – nossa memória é enviesada pelas emoções atuais. É como se víssemos o mundo através de lentes escuras e concluíssemos que a noite vai durar para sempre. Podemos tirar os óculos e ver que temos uma ampla variedade de emoções positivas e negativas.

As emoções são temporárias – embora possam nos enganar com o pensamento de que vão durar para sempre.

4. SINTA MENOS CULPA E VERGONHA DE SEUS SENTIMENTOS

Muitos de nós já ouvimos nossos pais ou companheiros nos dizerem que não deveríamos nos sentir como nos sentimos. Já ouvimos: "Você não deveria sentir ciúme" ou "Você deveria valorizar o que tem – não deveria estar deprimido". Já ouvimos que somos fracos, infantis, neuróticos ou simplesmente loucos e idiotas porque temos os sentimentos que temos. Talvez você tenha sofrido *bullying* quando era criança, talvez tenha sido humilhado por causa de seus sentimentos. Essa humilhação pode focar em seus desejos sexuais, seus medos ou em suas preocupações com o futuro. Você foi feito para se sentir mal pelo que sente.

Mas sentimentos não machucam outras pessoas – apenas as ações o fazem. E suas emoções – medo, raiva, ciúme, desesperança – fazem parte de sua experiência. Você também pode se sentir culpado por uma emoção – ou uma fantasia – porque acha que ela é perigosa, sinal de que algo ruim vai acontecer. Mas sentimentos não são o mesmo que escolhas. Você pode sentir raiva sem agir de forma hostil. Pode ter fantasias sexuais sem atuar de acordo com elas. Seus sentimentos de culpa ou vergonha podem ter se originado de alguém que o interpretou mal, alguém que, na verdade, não entende a emoção ou a natureza humana. Por que entregar sua autoestima a alguém que não o entende?

As pessoas podem rotulá-lo de irracional, neurótico ou louco. Mas cada emoção – cada fantasia – é igual a de milhões, se não bilhões, de pessoas. Todos sentimos as mesmas coisas. Mas as emoções são inofensivas – elas não são o equivalente a ações.

Assim como ninguém é prejudicado por sua indigestão, ninguém é prejudicado por seus sentimentos.

5. ABRA ESPAÇO PARA AS EMOÇÕES

Você pode achar que o objetivo é se livrar de qualquer sentimento negativo, mas, se quiser viver uma vida plena, terá que ter uma gama completa de sentimentos – alguns maravilhosos, alguns felizes, outros tristes e outros, às vezes, realmente terríveis. Eu sei que os tenho. E suspeito de que no futuro terei toda essa gama novamente – mesmo os terríveis. Com frequência acreditamos no perfeccionismo emocional – que nossas mentes deveriam ser claras, que nossas emoções deveriam fazer nos sentirmos bem o tempo todo, que a felicidade é o objetivo de todos os dias. Mas então aprendemos que essa busca pelo Santo Graal da Felicidade é uma miragem. Não está acontecendo – não vai acontecer.

Se percebermos que nosso objetivo é achar que está bem sentirmos tudo, então poderemos dar espaço para as emoções à medida que surgem. Você aprendeu uma grande variedade de técnicas para ajudar na aceitação de suas emoções, incluindo *pensar no panorama geral* de sua vida, isto é, que há muitas experiências e muitas possibilidades que enfrentou e ainda vai enfrentar, tanto positivas quanto negativas. Isso o ajuda a ver o contexto mais amplo, o panorama. Há muito espaço, juntamente com todas as outras emoções, para a emoção que você tem neste momento.

Podemos pensar em nossas emoções como se estivessem armazenadas em um grande lago de sentimentos, com os novos sentimentos – alguns negativos – sendo córregos que desaguam no lago maior. Existe espaço para eles.

Também podemos pensar em nossas emoções como um balão que nos arrasta em uma direção e, a seguir, em outra. Mas podemos escolher, podemos largar o cordão e deixar o balão flutuar. Podemos permitir que os sentimentos passem.

E podemos imaginar as emoções como uma tagarelice, como a fala disparatada de um palhaço que fica nos alertando que a vida é um desastre. Mas podemos permitir que o palhaço tenha essa voz ridícula e, ainda assim, continuar fazendo o que precisa ser feito para tornar nossas vidas significativas. Não temos que ser controlados por um palhaço.

Podemos nos sentir mais no controle dos sentimentos se temporariamente deixarmos de lado um objetivo que esteja associado a esses sentimentos e focarmos em outro objetivo. Por exemplo, acordei esta manhã um pouco frustrado em relação a alguns objetivos profissionais, mas decidi trabalhar neste capítulo e, para ser honesto, afastei minha mente do objetivo que me deixou frustrado.

Algumas vezes desistir é seguir em frente. Se mudarmos nossos objetivos, os sentimentos podem mudar de direção.

Podemos até marcar um encontro com outras emoções. Por exemplo, se você é ciumento, pode marcar um encontro com seu ciúme, ou, se está zangado, pode marcar um encontro com sua raiva, assim como fez no exercício "Hora da preocupação". Deixar para mais tarde sua emoção desconfortável pode parecer difícil, se não impossível. Mas isso é possível. Pergunte-se: "O que estou dizendo a mim mesmo que torna isso tão importante? Isso é realmente assim tão importante para eu ficar com raiva? Como vou me sentir a respeito disso daqui a uma semana, daqui a um mês, daqui a um ano?". Tomar distância e questionar a emoção pode ser o primeiro passo para deixar as coisas seguirem seu curso.

6. APRENDA A CONVIVER COM A AMBIVALÊNCIA

Há momentos em que achamos que deveríamos nos sentir somente de um modo. Podemos pensar que sentimentos mistos são um mau sinal, que não podemos tomar uma decisão se estivermos ambivalentes. Isso faz parte do nosso perfeccionismo emocional – buscar a certeza máxima, melhor ou absoluta. Mas os sentimentos mistos fazem parte da vida.

Você vai ter sentimentos mistos sobre seu melhor amigo, e ele terá sentimentos mistos sobre você. O mesmo pode ser verdade para sua companheira – ambivalência mútua. Você vai ter sentimentos mistos sobre o seu trabalho, onde vive, seus desejos por alguém, até mesmo sobre sua próxima refeição. Ter sentimentos mistos não significa que algo está errado; significa que você está sendo aberto e honesto sobre os prós e os contras das experiências da vida. Isso acontece porque a vida não é feita em branco e preto. Ela é mais como um caleidoscópio que muda e entra em conflito continuamente. A vida é cheia de ruídos.

A vida é complexa – e muda constantemente. Cada escolha envolve ganhos e perdas, altos e baixos. Não há escolha que você não possa questionar em outro momento. Frequentemente somos dominados e ludibriados tentando buscar a conclusão final, a certeza e a clareza, mas a vida envolve conflito, confusão e mudança. Ela é como uma sinfonia reescrita diariamente – a melodia soa um tanto familiar, mas as notas estão mudando. Até mesmo os músicos mudam.

Podemos abrir mão da *mente pura* – a crença no pensamento do tipo preto e branco – e reconhecer que nada é tão claro e simples porque nunca temos todas as informações e tudo envolve perdas e ganhos. Certas coisas fazem parte do pacote. Não há almoço grátis.

A busca de certeza e clareza pode apenas levar a ruminação e questionamento constante. Por que você precisa de clareza e certeza? Por que permanecer se perguntando: "O que realmente sinto?"? Talvez o que realmente sente seja ambivalência.

E não há problema nisso.

Talvez a ambivalência faça parte do realismo emocional – viver no mundo real de complexidade, fluidez e transparência. Em vez de ver a ambivalência como problema, você pode olhar para ela como uma visão realista do jeito como se sente – ou seja, como parte de toda uma gama de emoções.

Uma sinfonia requer muitas notas e vários movimentos. As notas e os movimentos se complementam e enriquecem a peça musical final. Talvez nossos sentimentos sejam assim.

7. ESCLAREÇA SEUS VALORES

As emoções estão frequentemente conectadas a nossos valores ou ao que pensamos que é importante no momento. Mas algumas vezes nos descobrimos perdendo de vista o panorama mais amplo de nossas vidas, o que realmente importa, e ficamos perturbados com as distrações e interrupções que são mais uma inconveniência do que a questão central de nossas vidas. Se você sofreu uma perda ou dano real – a morte de alguém que amava ou abuso e assédio por parte de uma figura de autoridade –, então sabe o que realmente importa. Mas com frequência nos distraímos ficando perturbados com o que outra pessoa pensa, ou nos sentimos incompreendidos, ou achamos que as coisas não estão do nosso jeito. Nossas emoções saem do controle. Isso é especialmente verdadeiro com a raiva.

Há muitas maneiras de determinar quais são os seus valores centrais. Uma delas é imaginar seu próprio funeral e se perguntar o que gostaria que as pessoas dissessem a seu respeito. O que gostaria que a sua vida significasse para os outros? Quais seriam os pontos altos de sua vida? Você pode identificar o tipo de pessoa que gostaria que os outros lembrassem ao pensar em você e então tentar ser essa pessoa.

Outra técnica que pode ajudá-lo é usar a *negação*. Você pode imaginar que tudo o que é e tem foi retirado. A única forma de obter qualquer coisa de volta é pedir uma de cada vez – e justificar por que a valoriza. É muito comum que as coisas e experiências das quais sentiríamos falta e desesperadamente desejaríamos recuperar estejam à nossa frente. Mas precisamos abrir os olhos para vê-las.

Pense nas qualidades de alguém a quem admira. Talvez essas qualidades sejam gentileza, generosidade, autodisciplina, inteligência, confiabilidade, flexibilidade, complacência, aceitação ou coragem. Então, todos os dias empenhe-se em um comportamento que reflita essas qualidades.

Quando vivemos de acordo com nossos valores, ainda assim nos sentimos incomodados com as coisas – mas também podemos ver nossa experiência com os sentimentos certos sobre as coisas certas. Por exemplo, faz sentido ficar abalado ao saber que alguém que você conhece foi abusado. Sua empatia e compaixão pela outra pessoa o conectam com seus próprios valores. Suas emoções algumas vezes podem ser dolorosas, mas pelas razões certas.

Algumas vezes, quando você é honesto consigo mesmo, certas pessoas não vão gostar de você. Lamentavelmente, esse é o preço que pode ter que pagar. Isso simplesmente significa que elas não conseguem aceitar a realidade – que pessoas discordam umas das outras. Isso é problema delas, não seu.

8. COMPREENDA AS EMOÇÕES DAS OUTRAS PESSOAS

Todos somos propensos a nos apegarmos à nossa própria perspectiva e a interpretarmos mal as emoções de outras pessoas. Pense em quão difícil é realmente entender o que outra pessoa pensa e sente. Esse é um dilema fundamental na existência humana e dá origem a mal-entendidos, falta de empatia e conflitos que geralmente estão na imaginação de pessoas que de fato se importam umas com as outras. Isso é particularmente verdadeiro nas relações íntimas e nas amizades mais próximas.

Cada um de nós tem uma teoria sobre as emoções dos demais. Por exemplo, quando uma pessoa que você ama está chateada, você pode achar que ela está sempre abalada, que vai permanecer assim, que os sentimentos dela não fazem sentido e que ela não deveria se sentir desse modo. Isso pode levá-lo a invalidá-la, a minimizar seus sentimentos ou a tentar controlá-la buscando fazê-la mudar a forma como se sente. Isso geralmente tem o efeito contrário.

Então, pense em como você responde aos sentimentos dela e pergunte-se: "Quando estou chateado, como quero que as pessoas próximas respondam a meus sentimentos?". Muito provavelmente você gostaria que elas reservassem tempo para ouvi-lo, validá-lo, não julgá-lo e ajudá-lo a entender que seus sentimentos fazem sentido e que outras pessoas se sentiriam da mesma maneira.

Tenha em mente que, quando você responde a outra pessoa, pode estar bem-intencionado, mas o impacto sobre ela pode ter o efeito contrário. Por exemplo, você dá um conselho, mas sua contribuição pode ser encarada como indulgente e invalidante. Essa é a diferença entre intenção e impacto. Não é o que você diz, é o que a pessoa escuta. O que você quer que ela escute?

Crie espaço para os sentimentos e pensamentos dos outros. Saiba que você não tem que concordar com eles: simplesmente respeite sua experiência. Com frequência achamos que pessoas próximas deveriam ver as coisas exatamente como nós. Mas somos diferentes, e, de fato, nossos pensamentos e sentimentos mudam – então, por que as pessoas que amamos deveriam ser uma cópia nossa?

Se eu perguntasse a alguém que você ama como você responde aos sentimentos dela, ela estaria satisfeita? Estaria desapontada? Ela se sentiria criticada em razão de seus sentimentos? O que você gostaria que ela dissesse?

CONSIDERAÇÕES FINAIS

Todos somos humanos e, assim, precisamos aprender a conviver com a ampla gama de emoções que evoluíram para nos alertar, nos proteger e nos conectar. Algumas vezes nossas mensagens emocionais nos induzem a erro – e acreditamos que as emoções vão durar para sempre, vão escalar até níveis catastróficos ou nos confundir.

Aprendemos que certas emoções não são boas e que estamos errados, que somos culpados ou que devemos nos envergonhar quando as sentimos. Mas as emoções fortes são parte inevitável da existência humana. Não condenaríamos alguém por ter alergias ou estar cansado ou com fome.

Reconhecer as emoções e dar ouvidos a elas, ter em mente os objetivos e o que valorizamos e imaginar os conselhos do nosso *self* futuro é o começo da sabedoria. Depende de cada um de nós encontrar o caminho – juntamente com nossos sentimentos – que nos levará aonde queremos chegar.

Referências

Capítulo 2

Appel, H., A. L. Gerlach, and J. Crusius. 2016. "The Interplay Between Facebook Use, Social Comparison, Envy, and Depression." *Current Opinion in Psychology* 9: 44–49.

Bornstein, M. H., D. L. Putnick, P. Rigo, G. Esposito, J. E. Swain, J. T. D. Suwalsky, et al. 2017. "Neurobiology of Culturally Common Maternal Responses to Infant Cry." *Proceedings of the National Academy of Sciences* 114(45): E9465–E9473. https://doi.org/10.1073/pnas.1712022114.

De Pisapia, N., M. H. Bornstein, P. Rigo, G. Esposito, S. De Falco, and P. Venuti. 2013. "Gender Differences in Directional Brain Responses to Infant Hunger Cries." *Neuroreport* 24(3)" 142.

Ehrenreich, S. E., and M. K. Underwood. 2016. "Adolescents' Internalizing Symptoms as Predictors of the Content of their Facebook Communication and Responses Received from Peers." *Translational Issues in Psychological Science* 2(3): 227.

Gilbert, P. 2009. *The Compassionate Mind.* London: Constable.

Kessler, R. C., P. Berglund, O. Demler, R. Jin, K. R., Merikangas, and E. E. Walters. 2005. "Lifetime Prevalence and Age-of-Onset Distributions of DSM-IV Disorders in the National Comorbidity Survey Replication." *Archives of General Psychiatry* 62(6): 593–602.

Lingle, S., M. T. Wyman, R. Kotrba, L. J. Teichroeb, and C. A. Romanow. 2012. "What Makes a Cry a Cry? A Review of Infant Distress Vocalizations." *Current Zoology* 58(5): 698–726.

Capítulo 4

Leahy, R. L. 2015. *Emotional Schema Therapy.* New York: Guilford Publications.

Leahy, R. L. 2018. "Emotional Schema Therapy: A Social-Cognitive Model." In R. L. Leahy (Ed.) *Science and Practice in Cognitive Therapy: Foundations, Mechanisms, and Applications.* New York: Guilford.

Miller, S. 2004. *Gilgamesh: A New English Version.* New York: The Free Press.

Capítulo 5

Dweck, C. S. 2006. *Mindset: The New Psychology of Success.* New York: Random House.

Gilbert, P. 1998. "The Evolved Basis and Adaptive Functions of Cognitive Distortions." *British Journal of Medical Psychology* 71: 447–463.

Leahy, R. L., D. D. Tirch, and P. S. Melwani. 2012. "Processes Underlying Depression: Risk Aversion, Emotional Schemas, and Psychological Flexibility." *International Journal of Cognitive Therapy* 5(4): 362–379.

Lyubomirsky, S. 2011. "Hedonic Adaptation to Positive and Negative Experiences." In: S. Folkman (Ed.) *The Oxford Handbook of Stress, Health, and Coping.* New York: Oxford University Press.

Wilson, T. D., and D. T. Gilbert. 2003. "Affective Forecasting." *Advances in Experimental Social Psychology* 35: 345–411.

Capítulo 7

Beck, A. T. 1999. *Prisoners of Hate: The Cognitive Basis of Anger, Hostility, and Violence*. New York: Harpercollins.

Beck, A. T., A. J. Rush, B. F. Shaw, and G. Emery. 1979. *Cognitive Therapy of Depression*. New York: Guilford.

DiGiuseppe, R., and R. C. Tafrate. 2007. *Understanding Anger Disorders*. New York: Oxford University Press.

Ellis, A., and R. A. Harper. 1975. *A New Guide to Rational Living*. Englewood Cliffs, N.J.: Prentice-Hall.

Epstein, N. B., and D. H. Baucom. 2002. *Enhanced Cognitive-Behavioral Therapy for Couples: A Contextual Approach*. Washington, DC: American Psychological Association.

Leahy, R. L. 2018. *Science and Practice in Cognitive Therapy: Foundations, Mechanisms, and Applications*. New York: Guilford Publications.

Capítulo 8

Parker, A. M., W. B. De Bruin, and B. Fischhoff. 2007. "Maximizers versus Satisficers: Decision-Making Styles, Competence, and Outcomes." *Judgment and Decision Making* 2(6): 342.

Schwartz, B., A. Ward, J. Monterosso, S. Lyubomirsky, K. White, and D. R. Lehman. 2002. "Maximizing Versus Satisficing: Happiness Is a Matter of Choice." *Journal of Personality and Social Psychology* 83(5): 1,178–1,197. https://doi.org/10.1037/0022-3514.83.5.1178.

Capítulo 10

Fairburn, C. G. 2013. *Overcoming Binge Eating: The Proven Program to Learn Why You Binge and How You Can Stop*. New York: Guilford Press.

Joiner, T. E., Jr., J. S. Brown, and J. Kistner (Eds.). 2006. *The Interpersonal, Cognitive, and Social Nature of Depression*. Mahwah, NJ: Erlbaum.

NIAAA. 2018. "Understanding Alcohol's Impact on Health." The National Institute on Alcohol Abuse and Alcoholism. Retrieved from: https://www.niaaa.nih.gov/publications/brochures-and-fact-sheets/ understanding-alcohol-impact-health

Nolen-Hoeksema, S., L. E. Parker, and J. Larson. 1994. "Ruminative Coping with Depressed Mood Following Loss." *Journal of Personality and Social Psychology* 67: 92–104.

Papageorgiou, C., and A. Wells,. 2001a. "Metacognitive Beliefs About Rumination in Recurrent Major Depression." *Cognitive and Behavioral Practice* 8: 160–164.

Papageorgiou, C., and A. Wells. 2001b. "Positive Beliefs About Depressive Rumination: Development and Preliminary Validation of a Self-Report Scale." *Behavior Therapy* 32: 13–26.

Wells, A., and C. Papageorgiou. 2004. "Metacognitive Therapy for Depressive Rumination." In C. Papageorgiou and A. Wells (Eds.), *Depressive Rumination: Nature, Theory, and Treatment*. Chichester, UK: Wiley.